# 最近のウェブ、広告で読みにくくないですか？

鈴木聖也

星海社

SEIKAISHA SHINSHO

# はじめに

先日とある政治家の事務所関係者と話した。その政治家は閣僚経験者で自民党とは微妙な距離をたもっている人物だ。そこで、こんな話が出た。

「昔は読売新聞さえ読んでいれば、自民党がやろうとしていることがわかった」

曰《いわ》く、かつては読売新聞の社説の通りに自民党は動いていたという（私はそれを検証したこともないし、実際にそういう事例があったとしても、「全てが全て」ということもあり得ないだろうが）。

私は大学を卒業して共同通信社で記者をしていた。共同通信社とは加盟新聞紙が紙面に使用する記事を配信する組織だ。私は仕事の一環として毎朝全国紙と自分が担当する地方紙を読んでいたが、そのとき「あまりにつまらない」ことに対し、逆にシュールな面白さを感じたのが新聞社の社説である。

とくに読売新聞と毎日新聞の社説が抜群につまらなかった。事実をつなぎあわせただけで新しい情報のない「コタツ記事」のようなものが多かった。産経新聞や朝日新聞にもそんな「その場しのぎ」のような社説はあったが、それでも定期的に何かしらのオピニオンがこもった社説が掲載されていた。そのオピニオンが正しいか否かは置いておいて、書き手の魂を感じたものだった。

そんな社説に、それもとくにつまらない読売の社説に与野党の政治家が注目しているというのは、ちょっと不思議に思った。

そういえば、故・安倍晋三《あべしんぞう》元総理大臣は2017年5月、衆議院予算委員会の憲法改正に関する答弁で「自民党総裁としての考え方は、相当詳《くわ》しく読売新聞に書いてあるので、熟読してもらってもいい」と述べていた。また、別の自民党の閣僚経験者からも「読売新聞の社説を毎朝読んでいる」と明かされたことがある。当時は変わった趣味だなぁと思っただけだったが、新聞、それも読売の社説に政治家が注目しているのは事実のようだ。

たしかにここ最近、読売新聞は社説をこえて社会保障改革の提言を掲載するようになったが、その一方で増税という言葉を使わずに現役世代の社会保険料はジワジワと上がっていっている。


だが、新聞の地位も今や揺らぎつつある。

冒頭の事務所関係者はこう続けた。

「それでも最近はネット世論がかなり政策に影響している」

私は現在、『MINKABU』というウェブメディアの編集長をしている。

かつて在籍した共同通信社には1600人ほどの職員がおり、毎年数十名の記者が採用されていた。その後私が転職した経済誌『プレジデント』では、本誌編集部に15人程度の編集者がいた。今は『MINKABU』の編集長として『みんかぶマガジン』にて記事を配信しているが、正社員は私ともう一人だけだ。編集部の正社員が自分一人だけの時期もあったが、いずれにせよ多くの業務委託編集者・ライターに大きく助けてもらった。

そんな少人数のウェブメディアである『みんかぶマガジン』に対しても、政府からさまざまな「ご指摘」「ご意見」をいただく。「なぜそんなに政府に批判的な記事が多いのか」「どうしたら肯定的な意見を書いてくれるのか」「大臣が気にしている」などなど。直接私のもとに届くものもあれば、第三者を通じてくることもある。

こんな小規模のメディアを、国はどうしてここまで気にするのだろうか。少なくとも2010年代には、ウェブメディアの記事など戯言《ざれごと》扱いされていたはずだ。しかし現在、ウェブメディアが少なからず世論を動かしているという認識が、一部の政治家にはあるようだ。

編集長である私個人にはそんな意識はない。あくまでも読者の「声なき声」を拾おうとしているだけだ。ウェブメディアの場合はその声なき声への共感がPV（閲覧数《えつらん》）や会員獲得数などの数字でリアルタイムに表れる。だからこそ、読者が欲するものを新聞、雑誌などよりは拾い上げやすい側面はあるのかもしれないが。

たとえば、岸田文雄《きしだふみお》政権では度々「増税メガネ」という言葉がSNS、とくにX（旧ツイッター）で話題になり、トレンド入りした。

岸田政権では、「脱炭素成長型経済構造への円滑な移行の推進に関する法律案」（GX推進法）で、諸外国では炭素税などと呼ばれる「GX賦課金」を新たに課したほか、2025年度（もしくは2026年度）から始まる予定の防衛増税の打ち出し、「異次元の少子化対策」の財源として社会保険料に支援金を上乗せするなど、2年以上上がらない国民の実質賃金を横目に国民に大きな負担を強いる政策を打ち出してきた。

『みんかぶマガジン』も政治アナリストの分析と寄稿のもと、そんな岸田政権の積極的な増税姿勢を「鬼の岸田政権」と称し、厳しく追及してきた。「増税メガネ」ほどの威力はなかったが、『MINKABU』発の「鬼の岸田政権」も、何度もXでトレンド入りした。

それらの政権批判の影響かはわからないが、岸田政権は2024年6月から定額減税を1年限定で実施することにした。しかも、その政策をしつこく国民にアピールするためだろう、給与などを支払う企業に対し、給与明細に所得税の減税額を明記するよう義務づけた。

「ウェブメディアが作り上げた世論が政府を動かした」などと言うつもりは毛頭《もうとう》ない。ただ、ネット世論が政治に影響を与えつつあるという、先ほどの事務所関係者の話との符合は感じる。

また別のエピソードもある。

岸田政権の支持率が低迷し、地方選や衆院補選などで自民党系の候補が連敗を続けるなか、2024年5月になるとポスト岸田に向けさまざまな思惑のもと自民党の政治家が動き出していた。2大保守系オピニオン雑誌の誌面でデカデカと野望を語る議員もいたが、ポスト岸田候補の一人であった党幹事長（当時）の茂木《もてぎ》敏充《としみつ》氏は別の方法でPRに励んでいた。

茂木氏がまず、登場したのはテレビ東京元ディレクターの高橋《たかはし》弘樹《ひろき》氏が立ち上げたユーチューブチャンネル『ReHacQ－リハックー』と『みんかぶマガジン』だった。幹事長として普段から伝統的メディアの記者と対峙《たいじ》しているからこそ、我々のような新興メディアを選んだのかもしれない。全国紙政治部の記者は「このとき、ネットでの見られ方も気にしているようだった」と話す。

このようにウェブメディアが政治さえ左右しうる時代、世間のウェブメディアに対する見方は着実に変わっている。実際、ニュースや論考をウェブで読む人は確実に増えているはずだ。

しかし、ポジティブな話題ばかりではない。部数減に悩む新聞や雑誌だけでなく、実は多くのウェブメディアは経済的に苦境に立たされている。

たとえば2015年に「黒船」として日本に上陸した米国発のバイラルメディア『バズフィード・ジャパン』は、不正確な医療情報を発信していたウェブメディア『WELQ』の問題を提起するなど注目を集めた。しかし、運営の BuzzFeed Japan 株式会社が2021年にザ・ハフィントン・ポスト・ジャパン株式会社と合併すると、業績不振などからニュース部門は閉鎖された。

このように、ウェブメディアは世間での存在感こそ増しつつあるものの、維持するだけのお金を稼ぐことは難しいのが実状だ。

実際、第1章で述べるように、読みやすさを二の次にして広告を入れまくり、少しでも利益を増やそうとするウェブメディアも後を絶たない。「広告動画を見ないと記事が読めない」という作りの記事にストレスを覚える方も少なくないはずだ。

また第2章で紹介するように、安易《あんい》に閲覧数を稼げる中身のないコタツ記事を量産するメディアもある。また、これまで主流だった無料メディアから、有料のサブスク会員を集めて有料ウェブメディアに転換しようという試みもある。

いずれも根本的な問題は「お金」である。

なぜウェブメディアは儲《もう》からないのか、どうすれば稼げるようになるのか。そして、新聞や雑誌の力が衰えていく中で、どうすればウェブメディアは良質な情報発信を続けていくことができるのか。それが本書のテーマだ。

私が編集長を務める『みんかぶマガジン』は、創刊から2年で2万人規模の媒体《ばいたい》になった。これは、数多くの競合がひしめくウェブメディアの世界でそうそう見ない数字だ。「みんかぶマガジンの快進撃」と題した取材も受けた。ここからは私が現在のウェブメディアにどのような問題意識を持ち、有料サービス『みんかぶプレミアム』を成長させるために何をしてきたのか、そして何を私が見てきたのかを書いていきたい。そしてメディア関係者やメディアに接する一般読者の人とともに、次世代メディアのあり方を考えていきたい。

# 目次

## 第4章　ウェブメディア編集者って何者だ？　125

# 第1章
# ウェブメディアの現在地

# 最近、ネットで「変な広告」増えていませんか？

「最近、オンライン記事の広告が異様に増えていませんか」

そんなことを聞かれたことがある。たしかに、ここ最近増えている気がする。

『週刊文春』『週刊新潮』『週刊現代』『週刊ポスト』などの雑誌を母体とした、いわゆる雑誌系ウェブメディアの広告によくあるパターンはこんなものだ——まず読みたい記事のタイトルをクリックすると記事本文の最初の100文字だけ表示され、その下に「続きを読む」ボタンが出てくる。本文が始まる前段階のはずなのに、その時点ですでに「フッター広告」（画面下部に固定され、スクロー

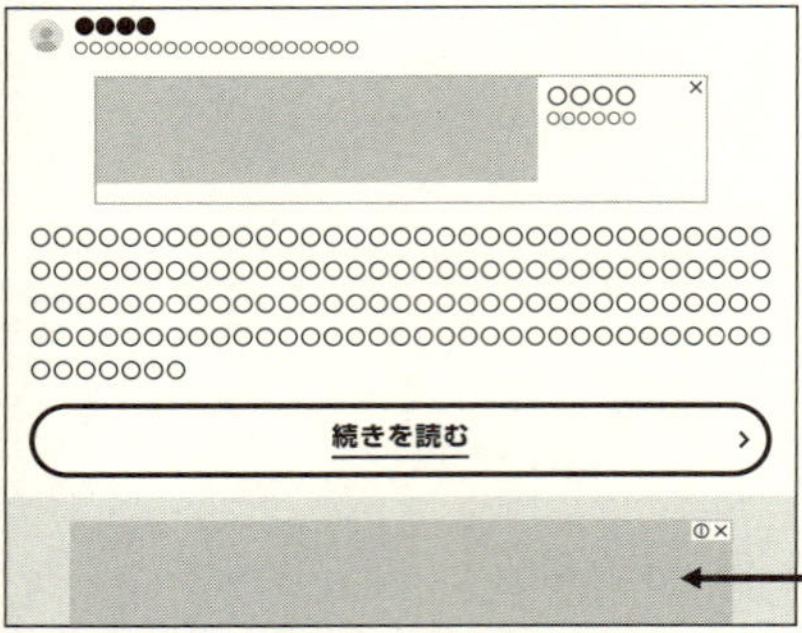


「続きを読む」とフッター広告

ルしても消えない広告）に加え、「続きを読む」ボタンの下にディスプレイ広告が表示されている。

本文を読み始めると500字程度ですぐにまた広告が出現する。そして記事を読んでいると1000字程度で記事のページが区切られ、続きを読むためには「次のページへ」を押さなくてはいけない。次のページを開くと、さっきとはまた違う広告が表示される。

日本のウェブメディアだと常識のようになっているかもしれないが、こういった一つの記事を分割して表示することは「ページネーション」と呼ばれ、度重なる広告表示と併せて読む人に大きなストレスを与えている。

なぜこのような読みにくい構成になっているのだろうか？

答えは広告をたくさん表示させるためとされる。

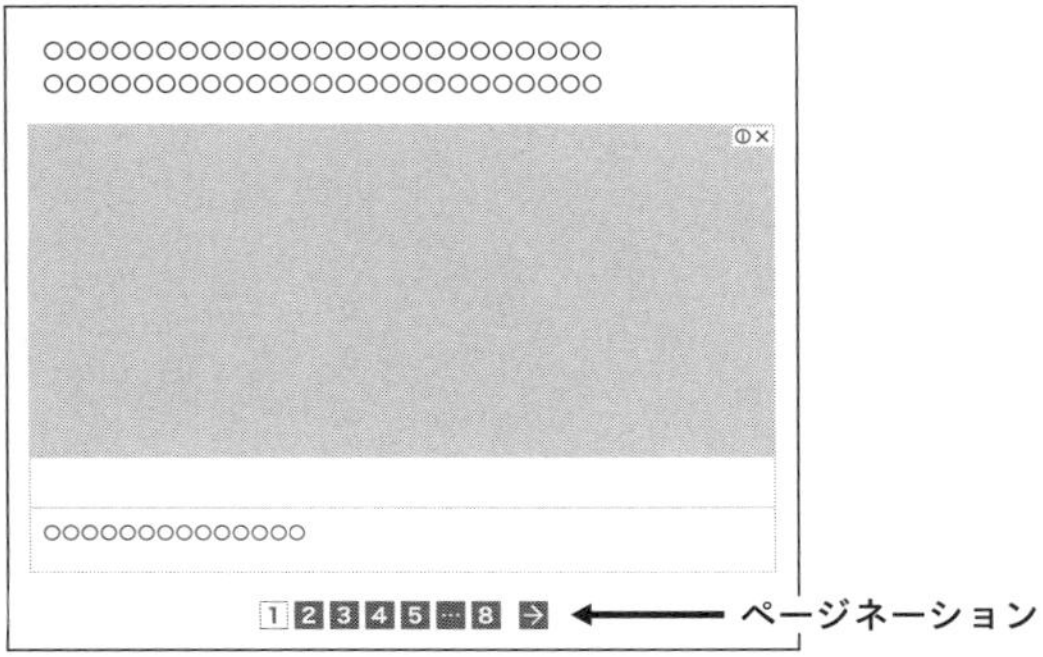


ページネーション

1つの記事を1ページにまとめるよりも、ページネーションを使って複数ページに分けて読者に何回もページを読み込ませた方が、さまざまな広告が表示されるため、結果として広告がクリックされる可能性が高まると言われているのだ。

また、ウェブ広告にも種類がある。多くの無料ウェブメディアでは、自社の営業部などが広告を出したい企業から直接獲得してきた純広告のほか、ネットワーク広告というものが記事を埋め尽くしている。ネットワーク広告とは、簡単にいうとそのウェブメディアの運営者ではなく広告代理店がウェブ広告を出稿《しゅっこう》したい企業をまとめ、提携《ていけい》しているウェブメディアに対して一斉に配信している広告だ。サードパーティークッキーとよばれる、ブラウザにユーザーの行動情報などを保管する仕組みを使って、読者にとって最適な広告をその都度配信している。

1本の記事で複数回、違った広告を表示させることによって、「広告の最適度合いを高めている」と主張する編集者もいる（後述するが異論もある）。

仮に東京・湾岸地区の高層マンション、いわゆる「タワマン」に関する広告があるとしよう。タワマンについて書かれた記事はウェブで氾濫《はんらん》しているので、そういった記事のページにタワマン広告が出る。あなたもこれまでにどこかで見かけたことがあるはずだ。

しかし、タワマン記事は批判的な論調のものも少なくない。タワマンを批判している記事なのに、その記事のネットワーク広告として表示される広告が新築タワマンの販売をお知らせするものであったら、記事と相反する内容の広告なのでおそらくクリックしないのではないだろうか。しかし「次のページへ」をクリックして、今度は「タワマン批判の急先鋒作家のセミナー」の広告が出現したら、思わず広告をクリックしてしまうかもしれない。これが「広告の最適度合いを高める」ということだ。

ただ、それにしても最近は広告が増えている気がする。とくに広告代理店経由のネットワーク広告が。

実はこれまでもウェブ広告がじわじわと増えてきてはいた。画面全体を広告が覆《おお》う「フルスクリーン広告」も以前より導入するメディアが増えつつあったのがその例だ。ただし、ウェブ広告が読者にとって「明確なストレス」として表れてきた転換点をひとつ挙げるとすると、２０２３年後半あたりからだろう。

たとえばこんな経験はないだろうか。ウェブメディアの記事を読んでいたら、「続きを読みたいなら、これから15秒間広告を見てください」と強制的に広告動画などの視聴を強《し》いられる経験だ。

これを業界ではリワード広告という。15秒間の苦痛にたえると「リワード」（報い）をもらえるということだ。これが強烈なストレスを読者に与えているようだ。

Xを見ていてもリワード広告を目にした読者がサイト名を挙げ「もうここのニュースは絶対読まない」と書き込んでいるのを度々見かける。ウェブメディアの編集者としては、たしかに読みにくいと同調する半面、「タダより高いものはないってことだよ」なんてイジわるを言いたくならないでもない。

リワード広告自体は、２０２３年後半にニュースサイトで頻繁《ひんぱん》に登場する前から存在はしていた。代表的な例でいえばユーチュ

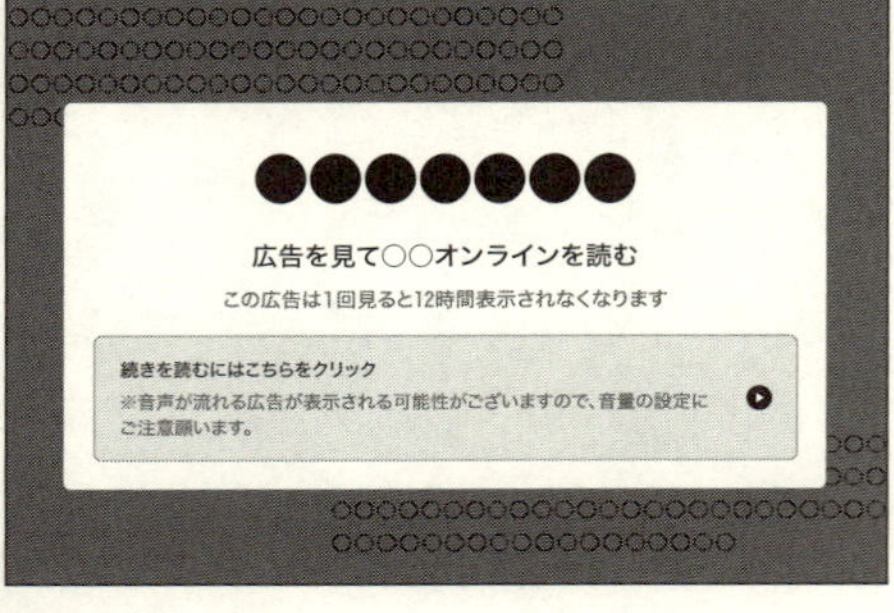

リワード広告

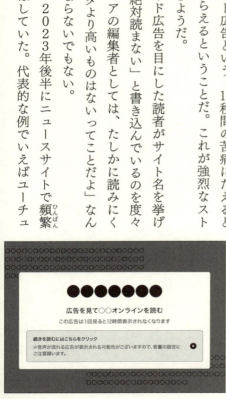

ーブ広告である。ただこれはテレビのCMに比べると広告視聴に対するストレスも少なく、大きな違和感を覚える人は少ないのではと考える。他には無料ゲームアプリなどでよく使われている。「ゲームオーバーした際、最初からではなく途中からリスタートする」「レアなアイテムを獲得する」といった特典を獲得するために広告の視聴を求めるものだ。ちなみにゲームアプリでは、ゲーム内でリワード広告を濫用するとアプリストアにおける評価が下がるとされているから、やはり評判はよくない。

ゲームにしろ、ニュース記事にしろ、無料といっても無料ではない。制作に原価はかかっていて、読者の代わりに誰かがお金を払っている。ウェブメディアではその役割は広告主が果たしている。問題はウェブメディアにおいて、その「代わりの誰か」が、だんだん少なくなってきていることだ。広告に回る全体の金額を見ると増えているのだが、ニュースメディアに回るお金は減ってきている。

それが評判の悪いリワード広告の召喚《しょうかん》につながった。

しかし、動画広告を見ないと記事を読めない不便なウェブメディアが、私たちメディア人が求めた未来だったのだろうか。インターネットの登場で情報の民主化が進んだはずが、本当にそうなっているのだろうか。

テクノロジーは日々進歩しているはずだ。ありとあらゆるものがスマホに集約され、生成AIの登場で更なる業務効率化が期待される。世の中はこれからも、どんどん便利になっていくはずだ。それなのに、なぜかメディアに関しては使い勝手が日に日に悪くなっている。一体なぜなのだろう。

## 2021年がピークだった無料ニュースウェブメディア

『文春オンライン』が月間6億PVを達成したと発表したのは2021年8月だった。東京五輪が1年遅れで開かれた夏だ。選手村近くでマッチングアプリを使うと海外オリンピアンとマッチできるという記事がネットでバズりまくっていた。

それにしても6億PV、日本の人口の5倍の閲覧があるとは一体どういう意味なのだろうか。それは先述したページネーションに加え、業界で「画像箱」と呼ばれる〝必殺技〟も大きな効果をもたらしたとされている。

画像箱とは、記事内で【関連画像はこちら】というリンクをクリックすると行き着く画像のことだ。文字通り関連画像を閲覧できるわけだが、あくまで1枚ずつ表示されるので、別の関連画像を見ようとするたびにニュースサイト的には1PV加算される。過去には女子フィギュアスケートの浅田《あさだ》真央《まお》氏が氷上で回転する様子のコマ取り画像を全て「画像箱」に入れて掲載した媒体がある。

関連画像の「次の画像」をクリックするたびに少しずつ浅田氏が回転する様子を見られるわけだが、「一体、自分は何を見せられているのだろう」と不思議な気持ちになる。『文春オンライン』でバズりまくった選手村の記事でも、マッチングアプリのスクリー

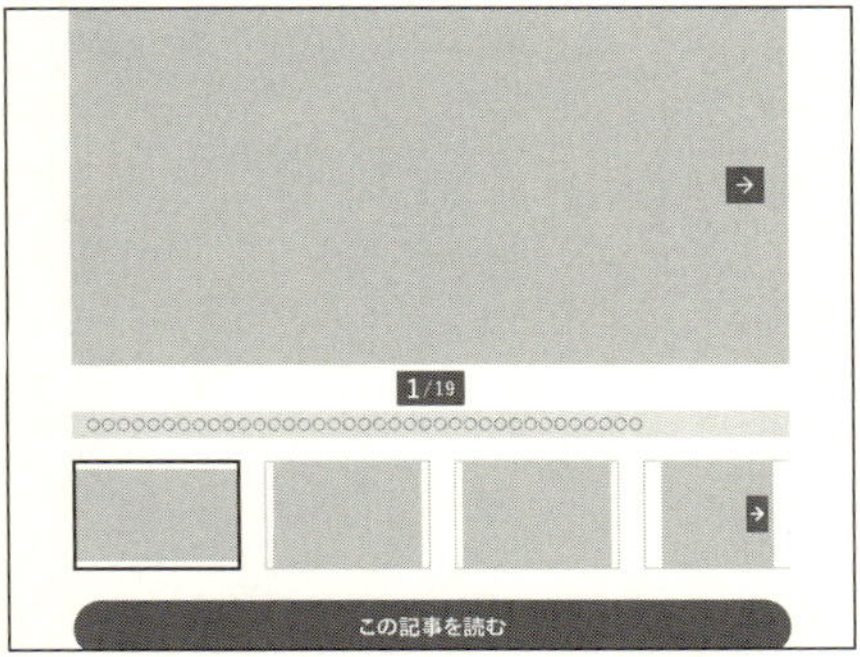


画像箱

ンショットなど43枚の画像が詰められていた。これを全て閲覧すると、1人で43PV相当になるわけだ。

さて『文春オンライン』が2021年に達成した6億PVというニュースメディアの金字塔以降も、媒体によっては過去最高記録を更新することはあった。たとえば講談社の第二の無料ウェブメディアである『FRIDAYデジタル』が阪上大葉《さかうえひろは》編集長のもと2億PVを達成した。

しかし、6億PVほど景気のよい話はなかなか聞かない。

実をいうと2021年以降、多くのメディアはPVの下降傾向に悩まされてきた。コロナ禍での巣ごもり需要により各メディアは最高PVの更新に沸《わ》いたが、オリンピックも終わり、人々が待ち望んだ「ニューノーマル」の時代が訪れると、かつての最高水準に達することができなくなってしまった。巣ごもり需要の低迷に加え、動画サイトやSNSにユーザーを奪われ、ウェブメディアの数そのものが増えるなど、複合的な要因があった。

一方で、広告の動きにも変化があった。2023年4Q（第四四半期）のグーグルの決算を見ると、売上高は過去最高であるものの、多くのウェブメディアが収益源の柱としている「グーグル・ネットワーク」（アドネットワーク広告）が昨対比97・9%で減少している。昨々年対比だと89・2%にまで落ち込んでいる。

電通らが発表した「2023年 日本の広告費」によれば、マスコミ四媒体由来のデジタル広告費は前年比106・9%の1294億円とパイそのものは広がった。だが、新聞デジタルは94・1%の208億円、媒体数は増加しているとされる雑誌デジタルは100・2%の611億円と厳しい。

| | 2023年 | 2022年 | 前年比 |
|---|---|---|---|
| マスコミ四媒体由来のデジタル広告費 | 1294億円 | 1211億円 | 106.9% |
| 新聞デジタル | 208億円 | 221億円 | 94.1% |
| 雑誌デジタル | 611億円 | 610億円 | 100.2% |
| ソーシャル広告 | 9735億円 | 8595億円 | 113.3% |

メディアごとのデジタル広告費

| | 2023年 | 2022年 | 前年比 |
|---|---|---|---|
| 運用型ディスプレイ広告 | 6939億円 | 6452億円 | 107.5% |
| 検索連動型広告 | 10729億円 | 9766億円 | 109.9% |
| 動画広告 | 5789億円 | 4938億円 | 117.2% |
| ソーシャル広告 | 9735億円 | 8595億円 | 113.3% |

種類別デジタル広告費

デジタル広告の種類別に見ていこう。ウェブサイトの広告枠に表示される「運用型ディスプレイ広告」の金額は昨対比7・6％増の6939億円だった。だが担当者によると、「運用型ディスプレイ広告の増加要因にSNSは大きく影響」したそうだ。つまり、SNSのタイムラインなどでコンテンツに挟まれる形で表示されるタイプの「インフィード広告」が活況ということであり、多くのウェブメディアの収益を支えてきたネットワーク広告は「苦戦している」という。

一方で、検索連動型広告は9・9％増、動画広告は15・9％増と順調に伸びている。ソーシャル広告単体でみても13・3％増で順調だ。

結局、これまでウェブメディアのネットワーク広告枠に使われていたお金が検索、動画、SNSに流れていると分析できる。

またネットワーク広告にとって重要な「サードパーティークッキー」をめぐり大きな動きも出ている。サードパーティークッキーとは「広告企業などがサイトを横断して消費者のウェブ閲覧履歴を集めるのに使う。利用者の関心や属性に応じた広告配信を支えてきた」（日本経済新聞2024年4月24日「Google、サードパーティークッキーの24年内廃止を延期」）ものだ。つまりウェブ閲覧履歴を収集して最適な広告を出すツールといえるが、プライバシー保護の観点から批判が高まり、「米アップルの『サファリ』など、競合するブラウザーはすでに初期設定でサードパーティークッキーの機能を全面禁止」（同）した。グーグルでも自社ブラウザ「クローム」での使用について、もともと2024年内に廃止する計画を進めていたが、その後方針変更を発表。サードパーティークッキーは残しつつ、ユーザーに選択を委ねる形に変えていくという。

この、ウェブメディアで読者に合わせた広告の配信を可能にするサードパーティークッキーの廃止や変更により、すでにネットワーク広告では収益の伸び悩みや減益という大きな影響が出ているが、クロームが使用中止をせずとも仕様を変更すればさらに収益は悪化するだろう。

それに対して現在収益を伸ばしている動画、SNS、検索はいずれもファーストパーティークッキーを活用したものだ。つまり、自社サイト内で獲得したユーザーの属性情報を広告に使っており、サードパーティークッキーと違ってサイトをまたいでのトラッキングはウェブメディアほどそこまで重要ではない。だからこそ、自社でユーザーが関係するようなユーチューブ、各SNSなどはサードパーティークッキー廃止の流れによる影響はそれほど大きくない。

要するに、広告はファーストパーティーデータを持っている巨大メディアへ流れている。

また、ディスプレイ広告、中でもウェブメディアのネットワーク広告の広告効果を懐疑的にみる広告出稿者が増えているとされることも、今後の先行きを不安にさせている。つまり、ＰＶは伸び悩んでいるのに、１ＰＶあたりのもらえるお金も下がっている状況なのだ。

ウェブメディアのＰＶ数とは、ざっくり次のような式で考えることができる。

1カ月の総PV数＝1記事あたりの平均PV×1カ月の配信記事本数
記事本数＝編集部員数×一人あたりの平均出稿本数

この計算式には当然、トップページや前月以前に配信した記事のPVなどは含まれていないが、最新情報を配信し続けるフロー型メディアは新しい記事を出し続けることによってPVを獲得するので、最新記事以外はここでは無視する。

本来であれば、媒体としては平均PVを保ったまま配信本数を増やしてメディアを成長させたいところだ。しかし市況の変化により平均PVは落ち込んだ。

ただウェブメディアも頑張っている。出版社のオンライン編集部では近年、編集者を増やす動きがあった。とあるビジネス系ウェブメディアではコロナ前は5人ほどだった編集部員が、コロナ以降は15人に増えていた。これは多くの出版社ではコロナまで伸び続けたオンライン編集部に人的投資をして更なる収益増を狙ったものだったが、結果的にPV減少のダメージ軽減措置につながったとも見られる。

市況の穴埋めに編集部員の増加がある程度貢献《こうけん》した。しかし利益ベースで考えるとあまりよろしくない。

経済系ウェブメディアの広告担当者は「このまま広告単価が回復しないと、会社経営的にもまずい」と明かす。コストばかりかけても売上があがらない、もしくは維持のような状況になってきているのだ。

## 画像箱のマジックに沸いた「素晴らしき」日々

さて、数年前に多くのウェブメディアがPV増加に活用した「画像箱」だが、これは一度リンクを踏ませてしまえば「この先、なんか面白い画像があるかも」と次から次にクリックし続けてしまうユーザー心理を上手く利用してできたものだ。しかし、そもそもなぜ記事を作るメディアは、読者に画像リンクをクリックさせたいのだろうか。

これまで広告収入の話を続けてきたが、実は画像箱へのアクセスはお金にならない。ではなぜ各種メディアが画像箱を活用したのか。その前にまず、無料メディアが頼り切っているヤフーニュースについて解説したい。

無料メディアがヤフーニュースに記事を配信する理由は大きく2つある。1つは配信料をヤフーからもらうためだ。この配信料は記事が「獲得PV×A円」という形で計算され、支払われている。いずれにせよ、別にヤフーニュースを批判する意図はないが、これだけで制作原価を賄《まかな》えるような金額はもらえない。

ハフポストが2023年に配信した記事「1000PVで何円？ Yahoo!ニュースなどの記事利用料が判明。著《いちじる》しく低いと『独禁法で問題に』と公取委」では、ヤフーが記事配信社に支払う利用料金について「1000PVあたり平均124円だった（2021年度）」と報じている。ハフポストは「ニュースメディア事業者のうち約44％が契約締結の時点でこの対価に不満で、その割合は締結後の時点では約63％まで増加するという。また、そのうち約70％は『算定基準の不明確さ』を不満の理由としており、約50％は『具体的な交渉材料がない』ことを挙げた」とし、配信事業者からはお金の面での不満が漏《も》れ伝わる。制作原価を超える配信料をもらうためには、1日7500本もの記事を配信しているヤフーニュースのアクセスランキング（総合）で上位に数時間君臨し続けるような人気記事でないと厳しい。つまり、ほとんどの記事は取材や執筆にかかった原価の回収すらできない。

それでも、各メディアがヤフーに配信をし続けているのは、2つ目の理由である「自社サイトへの流入」というメリットがあるからだ。流入とは、ヤフーから自社が運営しているメディアサイトそのものに読者を流してもらうことだ。たとえば自社メディアの記事がヤフーニュースでバズると、日本の市区町村の人口くらいのユーザーが自メディアに流れてくるとされる。

多くのウェブメディアにとって、読者の流入経路を確保するのは悩みの種だ。流入経路を確保せずにウェブメディアを始めるのは、サハラ砂漠のど真ん中で飲食店を開店させるようなもので、客は当然こない。

どんなに素晴らしい記事を公開しようと、まずはお客さんにその記事を発見してもらわないと何も始まらない。この流入経路についてはヤフー以外にも確保する方法はあるのだが、現状として雑誌系のウェブメディアなどはここに依存しているところが多い。無料メディアにとってヤフーは生命線なのである。

ではヤフーの配信記事からどうやって自社メディアにユーザーが流入するか。

ヤフーの配信記事を読んだ読者が、「関連リンク」を辿《たど》って自社メディアに迷い込んでくるのだ。関連リンクには文字通り、その記事に関連したトピックの記事のリンクが5本、本文末尾に掲載されている。その際、リンクを自社メディアの記事のURLに設定できる。

そしてもう1カ所、記事の第1と第2段落の間に「画像リンク」というリンクも貼っていいことになっている。これは、その記事に関連した画像や動画のリンクであれば、ヤフーの外部サイトに飛ばしてもいいのだ。

この画像リンクは本文末尾の関連記事リンクよりもCTR（クリック率）が高くなる。関連記事リンクの5本目（一番下）と比べてCTRが格段と高くなることもあるという。

たとえばこんな記事があった。

2024年6月15日の夜にアクセスランキング（ニュース総合）上位に長時間鎮座《ちんざ》していた「井上芳雄《いのうえよしお》の美人妹の〝正体〟にネット驚き『知らなかった！』『すごい…』『華麗

なる一族』」。俳優の井上芳雄がテレビ番組で、妹で元タカラジェンヌの紗耶香《さやか》さんについて喋ったという、教科書のようなコタツ記事なのだ。が、この記事ではリード文のあとすぐに以下のような画像リンクが設置されている。

**【写真】美人といえば…井上芳雄の妻も激カワ！**

記事ではとくに井上氏の妻（知念里奈《ちねんりな》）に関する話はしていないが、それでも「関連」した画像として知念氏の画像で読者の興味を誘っている。

芸能コタツ記事を使ってヤフーニュースからの流入を狙っているスポーツ紙系ウェブメディアでは、「画像リンク」の文言や内容にとくに気を遣っている。セオリーでは記事のメイントピックになっているタレントの写真を画像リンクに持ってくるが、女性タレントの方が男性よりもＣＴＲがさらに高まる。だからこそ、井上芳雄氏本人の画像ではない女性画像の方が流入獲得を狙う上では正しい。

しかし、なぜ記事でも話題として取り上げている妹の紗耶香氏ではなく、妻の知念氏なのか。

あくまでも、「考えられること」として2つの理由をあげたい。①自社メディアが紗耶香氏の画像を保有していない。②紗耶香氏はインスタグラムなどで自分の写真を公にアップしていない。たとえ当該タレントの写真を会社として保持していなくても、SNSに公開している写真などをスクショしたり、SNS投稿を自社サイトに埋め込みしたりするなどして無理矢理こしらえるわけだが、紗耶香氏の場合は両方ともなかったのではないかと想像する。そんな理由から井上氏の妻を画像リンクに設定したのではなかろうか。

さて、そんな画像リンクの煽《あお》り文句を読んで「一体井上氏の妻はどれほど美人なんだ……」とついついクリックしてしまった読者は、ヤフーニュースから配信元サイトの画像箱へと飛ばされてしまうのだ。

これが「画像箱」が一世を風靡《ふうび》した理由である。

なお誤解を招《まね》きたくないので明記するが、私はヤフーニュースは偉大だと思っている。

それは次の時代を先読みして新しい形の情報提供システムを作り上げた人たちだからだ。かつては（今でもそういう部分はあると思うが）、旧来型メディアはウェブを馬鹿にしていた。「テレビが登場しても部数は落ちなかった。だからウェブがきても大丈夫」と胡坐《あぐら》をかいていた。そんな中でヤフーニュースは各配信社に頭を下げて、〝塩対応〟をうけながらさまざまなメディアの記事の配信を実現し、今日メディアジャイアントとなっている。アリとキリギリスでいえばヤフーニュースはアリだ。そうして紙は冬の時代を迎えたのだ。

なおヤフーニュースのコメント欄について、差別的発言や誹謗《ひぼう》中傷についてさまざまな批判もあるが、新しいサービスの成長に伴《ともな》い問題は発生するものだ。その問題に対応しているヤフーのコメント欄ではＡＩにより誹謗中傷や差別発言は少なくなった。今でもヤフーを批判する人もいるし、改善点がないなんてことはないだろう。それでも現場で真摯に対応している社員たちに、感動を覚えてしまう。

## 画像箱やページネーションの是非

そんなこんなで、うまく画像箱にユーザーを誘導すると、自社サイトのPVが各段と上がる。画像箱に仕込む関連画像を増やせば増やすほど、PVが爆発的に増えていく。しかし、これには大きな問題があった。

一般的な記事でPVとネットワーク広告の収益はある程度連動している。PVが上がれば、ネットワーク広告収益も上がるし、逆もまた然りだ。しかし画像箱でいくらPVを稼いだところでネットワーク広告の収益は上がらないのだ。そうなるとサイト全体でのPVあたりの広告単価は下がる。当然「何のためにこれやっているんだっけ？」という問題が生じてくる。

これに関しては「PVの誇示《こじ》」という目的のため、一部メディアでは続けられてきた。PVの多さは自社メディアの威厳だ。各メディアの収益源にはネットワーク広告以外にも純広告がある。そのとき、広告主に対して自社のPVの多さを誇示できるようにPV数を競い合った。そして、編集部員のモチベーションにもつながった。

とくにかつては『東洋経済オンライン』の月間2億PVに追い付け、追い越せと各メディアは躍起になっていた。『東洋経済オンライン』は誰よりも早くこのネットワーク広告を収益源として無料ウェブメディアモデルを構築し、「先行者利益を得ていた」とされる。そこをベンチマークにしていた。しかし『現代ビジネス』が3億PV、『文春オンライン』が6億PVと更新するようになり、だんだんこのレースの不毛さにメディアが気づくようになった。「これ、本当に意味あるのかなぁ……」と。

当然、画像箱を準備するにも作業工数（人件費）はかかっている。また、画像が多ければサーバーに負荷がかかるため、記事の読み込みスピードにも影響が出てくる。たしかにナンバー1になることはなんだってすごいのだが、それに見合うコストなのだろうか……。

そして結局各メディアはヤフーの画像箱を有益な流入手段として残しつつも、無益に関連画像を増やすようなことはやめるようになった。先ほど紹介した「井上芳雄の美人妹の〝正体〟にネット驚き『知らなかった!』『すごい…』『華麗なる一族』」というヤフー配信記事に記載の「【写真】美人といえば…井上芳雄の妻も激カワ!」という画像リンクをクリックすると、井上氏の妻である「知念里奈」の画像が2枚表示される。無駄に「次へ」をクリックさせられるわけではなく、スクロールすれば両方とも見ることができる。

とはいえ、画像リンクで自社サイトに誘導する手段にも、さまざまな議論はある。この記事もそうだが、提供している写真はインスタグラムで知念氏が公開した写真だ。たとえ公に向けてアップロードした写真だろうと、著作権を持っている人はいる。もちろんタレントの所属事務所や本人の許可を得ていたら何も問題ないのだが、現場を知る人間としては、必ずしも編集部が芸能事務所の許可をとっているわけではない、ということだ。

ちなみにインスタグラムも無断で写真を転載《てんさい》することを利用規約などで禁止している。では、スクリーンショットではなく埋め込み機能(URLを引用することでインスタグラムに投稿した写真を紹介する方法。クリックするとインスタグラムのアカウントに移行する)であれば、インスタグラムが提供しているサービスなのだから大丈夫ではないかという意見もある。しかしこれも実は、インスタグラムは禁ずる声明を出している。

ただし、許可がなくても、タレントや事務所によってはパブリシティ効果から黙認している場合もある。また、仮にこの画像を使った記事を「報道」と捉えるならまた話は別だ。

極端な話だが、それが報道する価値がある画像なのであれば、著作権を破っても許される場合がある。何か大きな事件があったとき、その事件の関係者の写真について、新聞社やテレビなどはSNSにアップされた画像を撮影者や被写体本人の許可なく公開することがあるが、それも同じ道理でやっている。だが、職業倫理《りんり》の問題として、果たして、タレントの話題を紹介する記事に社会性はあるのだろうか。それは報道なのだろうか。

何が報道か、何が報道ではないか、これを明確に線引きすることは困難だと思うし、権力が介入して決めることも報道の自由の観点から避けるべきだと考える。つまり報道する側のモラルに託《たく》すべきである。

さて、画像記事の他にも、同じ記事なのに何回も「続きを読む」をクリックさせるサイト設計に疑問を感じる人はいるのではないだろうか。

先述の通り、ページネーションと呼ばれる1記事を分割して表示する方法については、記事中の「次へ」をクリックする度にネットワーク広告枠に違う広告が表示されるため「一定の効果がある」とメディア側は信じている。

しかしウェブメディアへのコンサルなどを手がけるINCLUSIVE株式会社で執行役員を務めた植田《うえだ》路生《みちお》氏はこれに異をとなえる。植田氏はサッカーメディア『フットボールチャンネル』の元創刊編集長でその後INCLUSIVEに転職、現在は株式会社ウィルゲートの経営企画を担っている。

植田氏はページネーションで分割した記事とそうでない記事で広告収益を比べるテストを独自に行った際「両方とも広告収益は同じという結果が出た」と明かす。また「記事分割のせいで読みにくくなったサイトからは人も離れていく」と指摘する。

これについては、各媒体で結果は違うかもしれない。やはりPVが増えればアドネットワーク広告の収益も増えるというのがセオリーとされているからだ。もっとも、どれほどのメディアがページネーションに関するテストを行っているのか、私はわからない。ただ、業界に身を置く者として、紹介した植田氏以外で実際にテストしてみたという人は知らない。

読者からすると、同じ記事が読みやすいサイトと読みにくいサイトに同時にアップされたら、読みやすいサイトで読みたいと思うのは当然だろう。実際に今、どこの無料メディアもネットワーク広告がベタベタに貼られていて読みにくいため、同じ記事を発信元のメディアではなくあえてヤフーで読むという選択をとる人が、少なくとも私の周りにチラホラいる。かくいう私も、あまりにも広告の貼り方がえげつないサイトが配信した記事については、ヤフーで読むという選択肢をとってしまっている。

ページネーションについても、メディアのファンを増やしていくという観点から考えるといい手段ではないだろう。

## 無料メディアの限界、有料メディアの伸び悩み

ウェブの読みやすさを損《そこ》なうページネーションをやめる、という行為にメディアが踏み切れない理由もわかる。目に見えてPVが下がるからだ。ページネーションで1つの記事を4分割すれば、1PVが4PVに早変わりする。それをやめたときの数字の減り方は会社員としては辛いモノがあるだろう。

いつの時代も雑誌やウェブメディアの編集長という職業は、残酷な職業だった。その人の編集長としての価値が売上部数やPVという形で明確に表されるからだ。全盛期を作り上げた編集長もいれば、暗黒の低迷期を招いた編集長もいる。ダメな編集長という烙印《らくいん》は会社生活をする上ではあまり嬉しくない。

だからこそ、編集長としては数字はできる限り落としたくない。たとえ売り上げ的にはあまり意味のない行為でも（さすがに画像箱についてはやめる媒体が増えたが……）。

そもそも出版社など、ある程度の規模の組織では、編集サイドとビジネスサイドとがくっきり分かれている。それぞれのサイドに責任者がおり、お互い過度な干渉《かんしょう》はしない。編集サイドとしては売り上げよりもＰＶの多さが「自分がやったこと」として評価軸になりがちだ。

しかし今では、「ＰＶが何に結びつくのか」を考えた結果、ＰＶ至上主義を会社としてやめようとするところも出てきている。では何を目安にするのか。現在、多くの出版社ではＵＵ（ユニークユーザー）数を重視しようという流れが生まれている。ＵＵとは一定期間にウェブサイトを訪れた訪問者数だ。厳密にいうと、もう10年以上前からＰＶよりＵＵを指標にすべきという声はあった。それもそうだ、一人の読者が何回「次へ」をクリックしたかより、何人がその記事を読んだかの方が意味のある数字だろう。しかし先述したＰＶ至上主義の理由から黙殺されてきた。メディアの威厳を誇示する意味でも数字はデカければデカいほどいいに決まっている。

だがいよいよＰＶレースの限界が見えてきたところで、ＵＵを重視しようと掲《かか》げる社は増えてきた。ＵＵを向上させることを、ウェブメディアのファンを増やすことと捉え、より読者に愛される媒体にすることで、次のビジネスにつなげようという考えだ。

しかし問題を難しくするのは、無料ウェブメディアがUUを上げるのに手っ取り早いのはPVを上げること、という点だ。ここまで取り上げてきたページネーションや画像箱を抜きにしても、UUを上げるのに必要なのはとにかくバズる記事を作ることだ。それは、ウェブメディアがこれまでやってきたことと本質的には変わらない。

それでも近年、独自の工夫でUUをうまく上げているサイトがある。経済メディアの『ダイヤモンド・オンライン』である。多くの名だたる総合系ウェブメディアでUU対PVの割合が1対10なのに対して、『ダイヤモンド・オンライン』は3対10ほどだ。つまり競合のビジネス系メディアに比べて3倍もUUの割合が高い。PVを水増しするためのページネーションをしていなければPVに対するUUの割合は高くなる、と思う読者の方もいるかもしれない。しかし『ダイヤモンド・オンライン』はページネーションをしているのだ。それなのになぜ、多くのUUを獲得できているのだろうか。

実は『ダイヤモンド・オンライン』は完全無料記事、無料登録記事（無料の会員登録をすれば読める記事)、有料登録記事(有料会員になったら読める記事)の3種類の記事を使い分けて成功している珍しい媒体だ。彼らの戦略としては、まず完全無料記事で読者をサイトまで誘い、その後無料会員登録でメルマガ購読者にして、そこからさらにアプローチをかけていずれは読者を有料会員に変えていくという3つのプロセスを見据えている。

『ダイヤモンド・オンライン』の有料サブスク事業「ダイヤモンド・プレミアム」を主導したメディア局山口圭介《やまぐちけいすけ》局長(前『週刊ダイヤモンド』『ダイヤモンド・オンライン』編集長)は、「会員になった人は『ダイヤモンド・オンライン』をリピート訪問するようになった」と明かす。せっかく金を払ったのだから、サイトをくまなく読もうという心理が働いたのかもしれない。

そして結果としてUUが上がっていったのだ。つまりUUを上げようとしてUUが上がったのではなく、会員を増やそうとした結果UUが上がっていったのだ。

しかしその代わり、このプレミアム事業を始めた当初、『ダイヤモンド・オンライン』のPVは落ちたという。これまで無料で見られたものが有料になれば、当然PVは落ちる。そしてPVが落ちればネットワーク広告の収益も減少する。山口氏は当初「PVを

ＫＰＩ（重要業績評価指標、原語ではKey Performance Indicator）に置かなかった」と振り返る。

実はこの視点が多くのウェブメディアには欠けていることが多い。結局ＰＶだろうとＵＵだろうとどっちでもいいのだ。

問題なのはお金になるか、ならないか、である。

利益を出し続けられるということは、すなわちメディアの持続可能性を高め、良質な言論空間を作ることである。メディアはＰＶやＵＵに囚《とら》われているあまり、一番大切な「お金になるかどうか」に直結していない場合が見られる。

誤解してほしくないが、お金になれば何をやってもいいと言っているわけではない。特定の権力者からよくない形でお金をもらい、政治的に偏《かたよ》った記事を出し、読者を誰かの都合がいい方向に誘導するのはどう考えてもよくない。ただ、しっかり黒字を出して持続できないメディアは関係者を不幸にするのだ。会社には損失を与え、職を失う人がいるかもしれないし、協力した取材先や寄稿者の記事はネットから消えてなくなる。よいメディアであり続けるために、お金を稼ぐことは不可欠なのだ。

しかし現実問題、メディアが利益を生み出すことは簡単ではない。近年も新興メディアは生まれ続けているが、メディアだけで収益化できているのはほんの一握りである。加えて、紙媒体を抱えるメディアはウェブメディアに紙の赤字分をカバーするような利益を求めている。

そしてサードパーティークッキーの問題、動画やSNSに広告が移動している点から考えて、これからテキスト中心のウェブメディア運営はより難しくなっていく。ただPVを稼げばいいという世界ではなくなってくる。

だからこそ、まずはメディアはきちんと「お金儲け」に重点を置いた目標設定をすべきだと私は思っている。自走可能な状況になければ、いい報道も、いい記事も出せない。

そのために本書では、私が編集長就任から2年で『みんかぶマガジン』で実際にやってきた実践的ノウハウを語っていくつもりだ。

## 本当の問題は「無料か有料か」ではない

本章の最後に論じておきたいのが、「ウェブメディアは無料であるべきか、有料にシフトしていくべきか」という問題だ。

前項で紹介した『ダイヤモンド・オンライン』だけでなく、これまで無料でやってきた多くのウェブメディアの中には有料化への転換を目論《もくろ》むところも出てきた。しかし大半の社は舵《かじ》取りに悩み続けている。

「とりあえず有料化してみればいいじゃないか」と思うかもしれないが、そういうわけにもいかない。これまでPV至上主義モデルでやってきたところは、昨今のPV単価下落による収益減はあるものの、それでもメディアとして収益の柱は広告に違いない。それを有料課金モデルに転換するということは、PVを捨てることである。イノベーションのジレンマと向き合わないといけない。

それには経営判断が必要だ。有料課金に移行するにあたり、広告収入の下落を一時的に受け入れることができるのか。先述の通り、ダイヤモンド社ではそれができた。それでも編集長の山口氏は一筋縄に実行することはできなかった。山口氏を守る役員がいたからこそできたプロジェクトだと話すが、社内で大きな軋轢《あつれき》を生んだのは容易に想像がつく。当然、ＰＶは落ちたのだから。

読者の反応も現場の編集者・記者にとっては辛い。「これまでは無料で読めたのに」と言われるのが目に見えている。会員費がたった月数百円という媒体もあるが、どう考えてもその記事には数百円以上の取材費用がかかっている。それでも「ケチ」「金を取るのか」と、良質な記事を無料で読むことに慣れてしまった読者からは辛辣《しんらつ》な声が届く。

また有料記事は無料記事よりも拡散力で劣る。それは記事に携《たずさ》わる人間にとっても寂しいことである。私も有料媒体を運営しているが、取材先や寄稿者から「できれば無料で公開してほしい」とお願いされるケースは多々ある。そう希望するのも当然だと思う。

先述の、ページネーションと広告費の関係を調べた植田路生氏は「サブスク疲れ」を指摘する。メディアだけではなく、ありとあらゆるものがサブスク化され、解約する手間などを考えて、そもそも無料トライアルなどを始める人が減っているという分析である。

サブスクメディアの先駆者であるニューズピックスも会員数19万人で頭打ちし、事業として赤字を計上している。親会社であるユーザベースはカーライル・グループのTOBに伴い非上場化した。『朝日新聞デジタル』は有料会員数30万人で伸び悩み、紙の売上減少分を人員削減抜きではカバーできないほどで今一つだ。サブスクに変えたからといって全てが解決するわけではない。有料メディアとして始まったPIVOTも完全無料化に方針転換した。

だが、センシティブな話題を取り扱う場合は、逆に取材先や寄稿者から「有料会員限定」を希望されるケースもある。意図せぬ炎上を避けたいという気持ちや、ちゃんとわかってもらえる人にだけ届いてほしい気持ちがその裏にはある。

いずれにせよ、無料だろうが有料だろうが一長一短はある。

もっとも、読者のロイヤリティが高いのは間違いなく有料メディアだ。それが『ダイヤモンド・オンライン』のUU数に表れているとも言える。ロイヤリティが高い、すなわち読者に愛されている媒体には価値があり、広告価値も高まる。

ただ、私はメディアの有料媒体化も選択肢の1つでしかないと思っている。根本的な問題は「お金を稼げるかどうか」で、方法は二次的な問題に過ぎないのだ。

出版社系のウェブメディアは現在、月1000万以上のUUを稼いでいる。それなのに、収益源をあえて広告や有料記事だけに絞るのはある意味もったいない。

凄まじい影響力を持つヤフーは広告収入だけで食っているのかといえば当然そんなことはない。EC、銀行、QR決済など、その事業は多岐にわたる。彼らにとってのヤフーニュースとは集客装置である。

それはプラットフォームにしかできないことではない。もちろんプラットフォームが有利なのであろうが、1000万のユーザーがいるのであれば、広告と有料会員の他にも、何らかのビジネスチャンスが見出せないはずはない。

たとえば、最近ライブドアニュースではアマゾンなどの巨大ECモールでのセールに合わせたキャンペーンを打ち出しているが、これが大きく売り上げに貢献している。キャンペーンでアマゾンに送客し、売り上げにつながった場合はライブドアにフィーが支払われる仕組みだが、これはライブドアだけの取り組みではなく、マイナビニュースやgrapeでも同様の取り組みが行われているようだ。

このように、ウェブメディアが本当に考えていかなければいけない問題は「有料か無料か」ではないのだ。これからはもっと大局的な視点で、存続に向けて今まで以上に知恵を絞っていかないといけない。

そのためにも次の第2章では、強豪ウェブメディアの多数を占める出版社系ウェブメディアの歴史や特徴、問題点を細かく見ていこう。

# 第2章

# レガシーメディアのウェブ戦略の間違い

## 「紙優位」の意識が抜けない出版社系ウェブ編集部

第1章でも取り上げた『ダイヤモンド・オンライン』『文春オンライン』などの雑誌を母体としたウェブメディアは多くの読者を持ち、ウェブメディアの世界で大きな存在感を保っている。しかし、出版社系ウェブメディアの中で「エース人材を投入しない」というネガティブな噂《うわさ》を聞くことがある。

これは何も出版社だけの話ではなく、新聞社や多くの旧来型日本企業に共通することなのかもしれない。紙を中心として稼いできた出版社や新聞社は当初ウェブに強い拒否反応を示してきた。その意識が変わってきたのもほんの数年前という感じで、長らく新聞・出版系のウェブ部署は「墓場」という認識が蔓延《まんえん》していた。

あえて言う必要もないだろうが、そうではなかった会社もあるだろう。通信技術の発達、スマホの登場などから情報革命の到来を敏感に察知できた社も中にはあるだろう。

しかし日本のテキストメディアのウェブ展開を停滞させた要因の1つには、この潜在的な「紙優位」意識が間違いなくあったはずだ。

私自身も共同通信社という会社で「紙優位」意識を感じる経験をした。少し長くなるが個人的な話にお付き合いいただきたい。

2010年代、新卒で記者として入社した共同通信社で私は報道のいろはを徹底的に教えてもらった。その一方でこの共同通信社の未来は全く見えなかった。共同通信社における収入の大半は地方紙などからの加盟料である。これは発行部数に応じて変動するもので、今後売り上げが増えるわけがない地方紙とともに沈没へと向かっている気がしたのだ。

共同通信社は組織として何か別の収入源を生み出そうともしていなかった。利益を追求する株式会社とはまた違った性質を持つ「一般社団法人」という組織体だからこそ、余計に新規事業を始めるのは難しかったのかもしれない。

そんなこんなで、記者という仕事自体はエキサイティングだった一方で、「このままのんきに記者をしていてもいいのだろうか」と将来に不安も感じていた。ではどうやったら自分の将来を明るくできるのか、と考えた。

20代だった私は当時、自分のキャリアの選択肢は3つあると思っていた。①「外信部《がいしんぶ》の記者として海外に出る」、②「経営企画に携わり、会社を稼げる組織にする」、③「デジタル報道の部署にいく」。そのうちのどれかに進みたいと願っていた。

①「外信部の記者として海外に出る」に関しては、私は父親の仕事などの関係で小中高とアメリカで過ごしていたので、そのとき身につけさせてもらった英語力を外信部なら活かせると思ったのだ。しかし問題は、外信部は非常に人気の部署で希望者も多く、ウェイティングの列が長かったことだ。当然ウェイティングリストの中から優秀な記者が先に選ばれていくので、ただ英語が得意というだけの自分なんかが行ける確証など全くなかった。自分にそこまでの自信はなかったのである。私が記者のくせに文章が下手《へた》くそなポンコツであることは知っていた。

そこで②「経営企画に携わり、会社を稼げる組織にする」の可能性を探った。とはいえ、新卒からひたすら警察担当としてゴリゴリ事件取材ばかりしていた私に経営のことなどわかるわけもない。なので社費留学制度を使って海外大学でMBA（経営学修士）を取得できないかと考え、応募してみた。しかし、応募書類を見た大阪支社幹部にわざわざ呼び出され（当時私は大阪社会部所属だった）、「経営企画なんぞ100年早い」と一蹴《いっしゅう》されてしまった。つまりは記者業に専念しなさい、ということだった。

そもそもこの社費留学制度とは、外信部を希望する記者に語学留学をしてもらうのを主たる目的として存在していた。もともと英語が得意な自分にその使い方はあまり意味はないと思っていたわけだが、やっぱりだめだった。たしかに自分も「会社の金で海外留学できたらラッキーだよなぁ」とスケベ心を持っていたのは事実である。いずれにせよ、社費留学でMBAに行くのも、入社4年目の記者が経営企画に行きたいと言い出すのも前代未聞であり、道は閉ざされた。

それで③の「デジタル報道の部署にいく」方法を考えた。当時私は名古屋支社の経済部にいたのだが、そのときはこれまでの短い社会人人生の中では1番目か2番目に辛い日々だった。今だったら「上司とそりが合わなかったことが原因」だと言えるが、当時の自分は、記者としてのダメっぷりを痛感させられ、追い詰められていた。もともと幼少期を日本であまり過ごさなかったこともあり、日本語の素養は周りの記者と比べてもなかった。神戸時代のデスクからは「ボキャ貧だ」（ボキャブラリーが貧しい、語彙力不足）などと冗談《じょうだん》交じりで怒られたが、それ以上に自分の原稿は粗《あら》かった。「原稿の下手さをどうにかしたい」と悩んでいたが、悩めば悩むほど自分の筆は迷走していった。同じ企画モノの記事を20回以上書き直した記憶がある。書いても書いてもダメ出しを受け、それが原因で当時の上司とは折り合いがつかず、精神的に参ってしまった。

そんな折に、その上司の上司から次の定期異動の希望を提出させられた。そのときにデジタル部署への異動を申し出た。キャリア的には自分の中で選択肢のうちの1つだったし、この環境が合わな過ぎて、逃げ出したかった。しかしこれまた上司に呼び出されてしまう。そしてこう言われた。

「デジタル報道には若い人は行かせられない」

その人を悪者のように書いてしまうのは本当に申し訳ないが、私もそう言われるとわかっていた。たしかにデジタル報道は、若い人は行かせられない部署だったのだ。

これは多くの日本型組織の問題であるが、終身雇用制度のある日本では、組織人口がピラミッドの形をしていないことが多い。中高年人材の人口が多いのだ。日本の大企業には色々な「役割」を持った部署があるが、デジタル部署は記者上がりの中年職員向けの組織だった。当時は2010年代の後半、まだどこか新聞社が「なんとかなるでしょ」と思っていた最後の時代だったのかもしれない。

そのとき、本気で転職を決意した。本気になったら意外と早く転職先はみつかった。「紙(雑誌)もウェブも両方ともできる」ということで、プレジデント社へ行くことにした。そうしたら2020年、「共同通信社が正職員を300人規模で削減」というスクープをプレジデント社の後輩が書いた。その話を聞いたときには当然びっくりしたが、妙に納得感もあった。奇《く》しくも、私は彼の取材に微力ながら協力した。複雑な気分だった。

話を本題に戻すと、「紙優位」は共同通信社だけの話ではなくメディア業界の一般認識で、長らく新聞や出版においてウェブメディアとは「傍流《ぼうりゅう》」だった。現在ウェブメディアに携わる人の中には、紙媒体を手がけつつどうにかウェブも手がけていたという人もいる。

光文社DX戦略局局次長・森本隆《もりもとりゅうじ》二氏もデジタルニュース事業を統括してきたが、元を辿れば「自分から志願してウェブ向けに記事を配信した」ことがきっかけだったという。

森本氏は会社でデジタル化が進んでいないことに危機感を抱き、「忙しい週刊誌業務をこなしつつ、無理矢理時間を捻出《ねんしゅつ》して、一人でウェブニュース配信に奔走《ほんそう》していた」と振り返る。今では大出世しているが、どこの会社もそういった一人の社員の自己犠牲《ぎせい》と暴走によって成り立っていたウェブメディアは多々あった。

私もプレジデント時代、そんな暴走をして周りに迷惑をかけた。今だから謝れます。

「誠に申し訳ございませんでした」。

## 社内の行き場を失った社員の「収容所」と化したウェブメディアも

その後ウェブメディアが一般化し、出版社などで収益源として認められるようになっても、傍流という性質は本質的には変わらなかった。たしかに部署はできても、各部署のエースと呼ばれるような人はなかなか来なかった。とにかく人材がいないのである。

日本の大企業なんてそんなもんだろう。新規事業なんてくそくらえである。会社の未来のことを考えたら新規事業に人材を投入するべきだとしても、現状収益を上げている部署のリソースを簡単に明け渡すわけにはいかない。それが会社員というものであり、イノベーションのジレンマだ。

そんなこんなで、会社からやる気、実績、元気があるような人材はもらえず、「老人ホーム」と化しているウェブメディアは存在している。もしくはさまざまな事情でフルパワーで働けなくなってしまった「療養所」となっているところもある。

日本の大企業にはそういった部署はどこにでもある。追い出し部屋と化す会社もあるのだろうが、緩い風土の出版社などではそんなことはしない。しかしなぜあえてウェブメディアの部署で……。

出版社や新聞社のコンテンツのＩＴ化がこれほどまでに遅かった理由について、経済誌『プレジデント』の元編集長で作家の小倉健一《おぐらけんいち》氏は「一つは、ＩＴに対する強烈な苦手意識が業界幹部にあったことだ」と指摘する。

フリーで活躍するライターは何歳になっても最新ＩＴツールを使いこなす人が多い。若い編集者はどんどん新しいツールを活用していくので、それにキャッチアップしていかないと仕事を得られないからだ。一方で出版社の社員には、未《いま》だに「一太郎」を使っている編集者や記者が存在している。

私も数年前、定年間際の大手出版社社員に、現在多くのビジネスシーンで使われているグーグルの「スプレッドシート」の概念を説明するのに苦労したことがあった。クラウドの概念も校正機能も、意味がわからなかったようだ。

さて、小倉健一氏の指摘に、以前経済学者の竹中平蔵《たけなかへいぞう》氏に取材したときのことを思い出した。竹中氏は小泉純一郎《こいずみじゅんいちろう》政権下の2005年~2006年に総務大臣を務めていた。竹中氏はテレビ局社長の「放送と通信の融合」に対する理解度の低さに愕然《がくぜん》としたという。竹中氏はこう語る。

「これからは放送と通信の融合の時代だと考え、キー局の社長全員と1対1で会いました。しかし、会ってみてわかったのは、放送と通信の融合についてちゃんと理解できている人は、ある一人の社長を除いて誰もいませんでした。後から考えると、それもそうだなと思います。キー局の社長とは新聞社出身の方が務めるものだったのですね。当然放送に対する理解度も十分ではないのです」

「そもそも放送の強みとは1対多数に対して情報を送ることです。かつては、それができるのは電波しかなかったのです。一方で通信は1対1で情報交換するものでしたが、インターネット技術の発展により1対多数というのができるようになりました。これに対する対応が早かったのがアメリカで、だからこそネットフリックスなどが誕生したのです。私も総務大臣当時、ＮＨＫにネットでの配信を提案しましたが、『私たちには公共性があるんだ』と全部拒《こば》まれました。だからこそ今のテレビ局の惨状《さんじょう》には『自業自得』な部分が大きいと感じています」（竹中平蔵「テレビ局から電波を取り上げてもいい」私の提言を完全無視したＮＨＫ・民放…「国民のニーズにあった電波の利用方法を」２０２４年6月24日『みんかぶマガジン』）

テレビ局も出版・新聞と様子が似ていたのかもしれない。

しかし、ウェブを自ら希望して配属された若手社員もいる。彼らは行き場を失った社員たちの管理も任された。ただ、デジタル部署にいる中高年人材にはＰＶを稼ぐ能力はないことの方が多かったようだ。もともと問題を抱えていたためにデジタル部署に送られた社員がデジタル部署でも問題を起こし、「もう行かせられる部署がない」と困っているという話を、とあるウェブメディアの編集長から聞いたことがある。やる気・自信を失った年配社員にどう接すればいいのか、色々と悩みは尽きないようだ。

一方で、ウェブメディアの数字を稼ぐ業務は、転職組や業務委託など「傭兵部隊」に頼っている。

## 売れなくても紙至上主義を変えられない出版社

繰り返しになるが、出版社における全てのウェブメディアが二線級の扱いというわけではない。

だが、大きな出版社ほど幹部が紙の可能性を最後まで信じている、紙至上主義なのは事実だ。

大手週刊誌などはかつて、発行部数で100万部を軽く超えていた。だがそこから発行部数は下がり続けている。現在、『週刊文春』を除く4大週刊誌（『週刊新潮』『週刊現代』『週刊ポスト』）の実売は10～12万部という感じだ。

とある週刊誌のベテラン社員は「『あーついに底が抜けたかぁ』と思ったらまた底が抜けた。もうそれを繰り返している」と話す。現場も出版すればするだけ部署としての赤字額を増やしていく週刊誌の作成になかなかモチベーションを保てなくなってきているという。

「昔は週刊誌は花形部署でした。新卒入社の中でもトップの人材が週刊誌の編集部に配属された。それが今や新卒の配属がゼロの年もあります。われわれ週刊誌に残された最後の役目とは、会社の『お侍《さむらい》さん』としていざとなったら会社を守ることです。週刊誌の言論機能は国など権力に対する抑止力にもなるし、交渉材料にもなります」

たとえば、週刊誌にスキャンダルを書かれたくないアイドルは、週刊誌を持つような大きな出版社で写真集を出版する傾向にある。そういえば2022年9月14日、東京五輪のスポンサー選定をめぐる汚職事件で大手出版社KADOKAWAの角川歴彦《かどかわつぐひこ》元会長は東京地検特捜部《とくそう》に逮捕されたが、KADOKAWAに週刊誌はない。当時、講談社もスポンサー候補だったが、最終的に辞退した。森喜朗《もりよしろう》氏は講談社、とくに『週刊現代』をよく思っていなかったようで、「講談社だけは絶対、私は相容《あいい》れないんですよ」などと当時不満を漏らしていたそうだ。

だが、そういう部数に表れない役割を持っていたとしても、会社内でも週刊誌編集部に対する風当たりは厳しくなってきている。

別の週刊誌の元記者は「別部署で漫画編集をしている後輩に『少なくとも自分の給料分くらい稼ぎましょうよ』と言われるんです。『じゃあお前、この環境で週刊誌売ってみろよ』そう言いたくても、ぐっと我慢《がまん》しました」

そして「もう紙は、次の編集長に引き継いだらそこで最後かな」とぼやく。それが現場の感覚だ。

それでもなぜ出版社は週刊誌をやめられないのか。正確にいえばさまざまな週刊誌がこれまで廃刊してきているわけだが、なぜ一部の週刊誌は赤字がひどくなってもなかなかやめられないのか。

先述の小倉健一氏は「大きな週刊誌ほど、ぶら下がっている関係会社や部署が多すぎる」と解説する。

「たとえば、デザイン会社や印刷会社を子会社として持っていれば週刊誌がなくなることで子会社の仕事がなくなります。親会社は漫画という別の食いぶちがあるかもしれませんが、子会社にとっては死活問題です。社内にもさまざまな関連部署があり、週刊誌をなくすことで大きなハレーションが起きることを嫌がっています」

そして小倉氏はもう1点、指摘する。

「出版社で今出世している幹部はほぼ紙の編集部しか経験しておらず、デジタルのことが正直よくわかっていないのです。だからこそ、紙からデジタルにシフトすることにいつまでも拒否感を覚えています。それが紙はジリ貧状態が続いていても、『デジタルは若手任せ』という状況を引き起こしていると考えます」

週刊誌編集長とウェブ編集長は社内的にどっちが偉いかというと、基本的には週刊誌編集長の方が偉い。たとえ、利益的にはオンラインの方が「上」でもだ。紙の方が偉いのは現場レベルでも一緒だ。基本的に有望な社員の配置は紙ファーストだ。たしかに、オンライン記事の主な供給源の1つが紙雑誌であり、そこに関してはオンライン編集部として頭が上がらない側面はあるだろう。しかし紙で売れる記事とオンラインで読まれる記事は根本的に違う。量を確保するという意味では重要だが、結局オンライン編集部は人材を外部から採用したり、先述の通り行き場を失ったような社員が来たりする。

また有名雑誌の書店営業担当は「定期的に発行され、ある程度売上目処《めど》が立つことはデカイ」とも解説する。

「売れ行きが読めない不定期刊行の書籍に比べて、たとえ今のような大きく売れない市況であっても雑誌にはキャッシュフロー上利点があります。出版の再販《さいはん》制度の関係で、実売が確定する前にドカンとキャッシュが入る。実売が確定した後計算されるが、それでもそれが毎週繰り返されるため、フロー上は手元にキャッシュがあるのです。それを使って新しいビジネスだって考えられなくもない」

一方でこうも言及する。

「経営陣からはいつまでも、週刊誌は『明るく元気で愉快な子』でいてほしいという淡い期待を感じます。出版社の幹部は週刊誌出身がどこも多いです。だからこそ、思い入れも強い。モーレツ社員時代の辛い記憶がほとんどかもしれませんが、それもいつしかセピア色に染まるのでしょう。ある意味サバイバーバイアスで『この苦難を君たちにも乗り越えてほしい』ということなのかもしれません。いい迷惑です」

紙をやめられない事情は複雑なのだ。

## ウェブに理想を求めた意識高い系記者・編集者の末路

ウェブ軽視が続いてきた出版社や新聞社のウェブメディア進出は、光文社の森本氏のようなやる気ある人材に助けられた部分がある。

その一方で、過剰《かじょう》な期待を求めてウェブの世界にやってくる人もいる。ウェブなら正しい報道ができるはず、自分が好きな取材ができるはず、そんな感じだ。

とくに出版・新聞などのいわゆるレガシーメディアからベンチャーメディアに移ってきたような人材の中に、こういった人をよく見かける気がする。とにかく自己主張が激しく、SNSでの「自分の見え方」を気にする。そして〝正しい〟ことしかつぶやかない。

「自分たちが報道を変える」と意気揚々《いきようよう》と語り、政府や大企業、もしくは野党など、批判しても怒らなさそうな人たちを批判し続ける。いつしかその鋭利《えいり》な投稿にファンがつくようになり、無意識にファンが求める自分を演じるようになる。そして発言はどんどん先鋭化し、メディアの人なのか活動家なのか区別ができなくなる。SNSが持つ魔力をまざまざと感じる。

よくSNSのエコーチェンバーを批判する記者を見る。エコーチェンバーとはユーザーの行動履歴を読み取ったSNSがそのユーザーが好むようなコンテンツばかりを提供するようになり、結果的にユーザーの意見、思想が増幅、極端化していく現象だ。間違った情報などを盲信してしまうケースもあり、たしかに問題なのであるが、記者自身もエコーチェンバーに入り込んでしまっているような場合もある。

まだSNS内で完結してくればいいのだが、仕事に絡《から》むこともある。ある記者がSNSで、自社の広告営業担当を自分のフォロワーと一緒になって批判していた。自分が批判していた企業の広告記事を掲載したからだという。私はその様子をただただSNSで眺めていた傍観者だったが、同じ会社の仲間であるはずの広告営業を批判する記者の姿に、正直大きな衝撃を受けた。

意識がエベレストほど高い社員は仕事に対しても前向きだ。が、組織ジャーナリズムを履《は》き違えているように感じることもある。

ウェブメディアでの仕事は、「好きな記事を書くこと」だけではない。レガシーメディアと比べると、たしかにセクショナリズムにとらわれない記事はウェブの方が格段に書きやすい。それは醍醐味《だいごみ》ではあるのだが、だからといってそればかりやるとウェブメディアは当然立ち行かなくなる。大メディアに比べれば事業としての基盤は弱く、いつだって撤退《てったい》と隣合わせだからだ。

大手の無料メディア編集部では、PVと比例して編集部員全体の「鬱度《うつど》」が上がっていくといわれる。PVを上げることは現場にとって大変な心労を伴うからだ。逆にPVが下がると、数字責任を負う編集長の鬱度が上がる。これはあくまで冗談として流通している話だが、数字に責任を負っている編集長は実際、数字が下がれば吐《は》き気がしてくるし胃が痛くなるものだ。というか、私がそうだ。

そもそも、出版社系ウェブメディアの母体である雑誌メディアは「稼いでナンボ」の文化だ。建前上「雑誌ジャーナリズム」を追究しているかもしれないが、あくまでも金を稼ぐことがメインだ。

出版社における週刊誌や女性誌、文庫本とは長らく集金装置だった。そのお金を使って「売れなくても歴史に残さなくてはいけない本」を赤字承知で出版しているのだ。

文藝春秋社元社長の故・松井清人《まついきよんど》氏を、私は生前の2017年にインタビューしたことがある。その際こんなことを語っていた。


「例えば、新潮社が出版した松浦寿輝《まつうらひさき》さんの『名誉と恍惚』という、装丁も工芸品のような単行本の価格は5400円。純文学としては高価格ですが、谷崎潤一郎《たにざきじゅんいちろう》賞を受賞しました。この作品を新潮社は、後世に残そうという強い意思のもとにつくられたのでしょう。作家を守るためには、どうしても出さなければいけない良書があり、あまり売れなくてもそうした本づくりは、文芸系出版社の矜持とも言えます。文庫本の稼ぎがあってこそ、後世に残したい良書を出版し続けられるのです」（「文藝春秋社長「文庫本の貸し出し中止を」『PRESIDENT』2017年12月18日号）

このインタビューはあくまでも「文庫本は出版社の稼ぎ頭だからこそ、文庫本を図書館に置かないでほしい、文庫本のもとになった単行本を置いてほしい」という松井氏の社会への訴えがメインテーマのインタビューだったが、その中で松井氏が語っていた出版社の使命が印象深かった。

だからこそ、週刊誌などは売れなくてはいけない。社会的に意義ある報道も必要だが、数字に直接コミットする芸能人のスキャンダルも必要だ。どんな政治家の汚職よりもベッキーのゲス不倫だ。

そして「金を稼ぐ」役目は当然ウェブメディアにも期待されていた。

ではベンチャーメディアではどうかといえば、こちらも本来は稼いでなんぼのはずだ。というか上場を目指しているような会社、上場して間もない会社であれば、常に事業としての成長を求められる。つまりは数字が取れる記事が求められる。企業として大きな成長を株主から求められていない新聞、雑誌の編集部と比べて遥《はる》かに激しく求められる。

なので悠長《ゆうちょう》に好きな取材をやっている時間などない。とにかくスピードと数字の世界だ。レガシーメディアの持つブランド力やネットワークがない中でどうやって自分たちの勝ち筋を見つけていくか。成長のためだったら何でもする。「法令違反スレスレでも合法ならやる」と豪語する編集長も知っている。そんな泥臭い世界だ。

一方で撤退判断も早く、辞めると決めたら一瞬《いっしゅん》だ。雑誌・新聞のようにだらだらと赤字を毎年垂《た》れ流し続けるようなことはしない。生きるか死ぬかの世界は、落ち着いて何かのテーマを深掘りしていくような取材には不向きだろう。

だからウェブメディアは「レガシーメディアのしがらみがないキラキラした世界」なんかではない。ただそのことを理解していない元新聞記者たちが、理想を求めて不幸な目にあってしまっている。

情報の民主化を信じて若い新聞記者を集めたが、「この指とまれ」と号令をかけた編集長は早々と辞めてしまい、残った元記者たちにはビジネス経験もなく、部署は閉鎖され、メンバーは次の行き場を求めた。そんなウェブメディアも過去にはあった。

ウェブメディアにはまだまだ可能性はあると思っている。そして生成ＡＩの登場でまた大きな波乱がメディア業界で起きてもおかしくはないと思う。

ただ私が思うのは、メディアとは厳しい世界であるということだ。テレビ、新聞、雑誌、ウェブ、全てにおいてハードワークや自己犠牲を従業員に求める。それが世相的に正しいか正しくないかでいえば正しくない気もする。しかし、ニュースとともに生きるとはそういうことだと、私は自分に言い聞かせている。休みの日に社会が動けば自分も動く。作家を振り向かせるため何日も家に通う。毎日数字を見つめて胃をとことん痛める。ウェブだから楽ということはない。

常に数字を求められる中で、気が付けば記事のタイトルは刃物のように鋭く尖っていく。SNSでは「PV目当てだ」と的外れな批判が匿名アカウントから寄せられる。その通り、PV目当てだ。数字がなければメディアは持続できない。理想ばかり語っていても金にはならないし、むしろ金からはどんどん遠ざかっていく。

人が嫌がる仕事かもしれない。しかし人が嫌がるからこそ金になる。新聞記者も事件で亡くなった遺族の家に行き、被害者の顔写真をもらいにインターホンを押す。息子の遺品を持ちながら顔を真っ赤にして出てきた父親に全力で塩をぶん投げられる。人の心を持っていればそんな仕事は誰もやりたくないはずだ。でもそれをやれる奴が勝ち残る。被害者の顔写真もそうだが、容疑者の顔写真はとくにネットでバズる。これがやっかいなほどバズる。

理想ばかり語るウェブメディア人はいつしかメディアサイドから退場する。一部は活動家に近いポジションでSNSに残るだろう。個人としての発信力を商品にして仕事を得る人もいるだろう。が、多くはただただ影が薄くなっていく。

ジャーナリズムを掲げるだけでは、新興メディアでは生きていけない。新興メディアはありとあらゆる面で総合力を求められる。どこから広告をもらうのか、どこから人を流入させるのか、どうやって最後まで読ませるのか、読ませた読者にどう次のアクションをしてもらうのか、そしてどうやって自分たちは食っていくのかまで、考えていかなくてはいけない。

ジャーナリズムは社会にとって必要だが、ジャーナリズムの追究だけをしていても誰かが助けてくれるわけではない。ジャーナリズムの追究だけをしたいなら、会社のセクショナリズムといった生きにくさを受け入れて新聞社などの組織に属した方がきっとジャーナリズムに集中できる。

しかし、既存のレガシーメディアが問題含みであり、それゆえに新しいウェブメディアが林立していることは、ここまで読んでくださった読者ならおわかりのはずだ。そういう環境におけるウェブ編集者の腕の見せどころとは「いかにPVを取れない記事をPVを取れる記事の中に忍び込ませるか」だと思っている。

数字が取れなくても大切な記事はある。それがあるからメディアはメディアなのだろう。ジャーナリズムの意義と持続可能性のバランスを維持することが、メディアの成長と読者からの信頼の両方を勝ち得る鍵なのではないかと、私は考える。

## コタツ記事は悪なのか？

さて、ウェブメディアが数字が取れない記事を出せるのは、数字が取れる記事も出せているからである。
その「数字が取れる記事」の代表例とされるのがコタツ記事である。

コタツ記事とは「独自の調査や取材を行わず、他の媒体やSNS上の情報などのみで構成した記事」（『デジタル大辞泉』）のことで、現場へ取材に行かずにコタツに入りながらでも書けてしまう記事という、「お手軽に完成できてしまうコンテンツ」そのものへの「蔑称《べっしょう》」だ。私の感覚ではとくに新聞社の人に、このコタツ記事に対する憤《いきどお》りを持つ人が多いように感じる。私も通信社時代はプレスリリースや発表文だけを基にして記事を書くようなことはなかった。必ず広報担当者、もしくは関係者に直接電話取材して記事にしていた。

しかし、今では著名メディアでも取材を省いたコタツ記事を掲載する例は多い。
「やめられぬ『こたつ記事』　スポーツ紙が陥《おちい》ったジレンマ」（2020年12月19日『朝日新聞デジタル』）という記事では、「著名人のソーシャルメディアなどでの発言を引用し、ネットで報じたスポーツ新聞社が謝罪や訂正をする事態が相次いでいる。発言内容の検証なしに量産されるこうした記事は「こたつ記事」とも呼ばれ、配信するメディアの姿勢が問われている」と、粗製濫造《そせいらんぞう》されるコタツ記事の問題を指摘している。

一方で新聞社のグループ会社が今も変わらずコタツ記事を量産しているという矛盾もあり、部数減少が止まらない新聞社の苦しさを表しているようにも思える。というか『みんかぶマガジン』の記事も共同通信社にコタツ記事化されており、「自分もやってるじゃん」とつっこみたいくらいだ。


しかしコタツ記事を「独自の取材をしない記事」と文字通り捉えるなら、世の中に流通する多くのコラム記事もコタツ記事だといえなくもない。そういう意味では、コラムニストの寄稿を中心に回している『みんかぶマガジン』もコタツ記事メディアになってしまう。

具体的なお名前を挙げると、古谷経衡《ふるやつねひら》氏、佐藤健太《さとうけんた》氏、トイアンナ氏、福田肇《ふくだはじめ》氏、ポンデベッキオ氏、じゅそうけん氏……などなど。

錚々《そうそう》たるコラムニスト（コタツ記事ライター）に私は支えられている。感謝してもしきれない。いつかみなさんにいいコタツをプレゼントしたい。

だが、個人的にはこういったコラムニストの記事は批判の対象にならないだろうと思っている。たしかに彼らはコタツに入りながら記事を書いている可能性はあるが、専門性やデータ分析、独特な文章力を活かしたオリジナルコンテンツを作っているためだ。そして彼らは、新聞記者のような培養《ばいよう》育ちと違い、情報氾濫を起こしているインターネットというバトルフィールドで勝ち抜いてきている強者たちだ。

編集者の感覚でいえば、新聞記者が書く記事よりも圧倒的に面白い。そしてネットでも読まれる、バズる。作家の能町《のうまち》みね子氏も『週刊文春』の自身の連載「言葉尻とらえ隊」（2023年12月7日号）の中で「以前から私は冗談で、私自身のこの連載について『最高のコタツ記事を目指す』と言っていました。実際、私はネットを掘り起こして論考を加える手法なので、コタツから出ずにコラムを作れる」と述べていた。

コラムニストは新聞報道を引用して、独自の切り口からずいずい吸い込まれるような記事をサラリと書いてしまうわけで、そうするとネットではオリジナル記事よりもコラムニストの記事の方が目立ってしまう。それが鬱陶《うっとう》しいと思う新聞記者もいるだろう。

たしかに私も通信社時代、割と一生懸命書いた記事を引用する形で、とあるネットメディアにコタツ記事を作られていた。そこには憶測《おくそく》による事実誤認とも思えるような記載があり、悲しんだ記憶がある。

とはいえ、コタツ記事の中で大きな問題になっているのは、独自のコンテンツ性を持ったコラム記事ではない。コラムニストに対して「取材もせずにいい加減な記事を書きやがって」「楽な仕事だな」とムカつく人もいるかもしれないが、コタツ記事といっても本当に問題なのはコラムではなく、やっぱり冒頭のスポーツ紙が量産しているような著名人の発言などを引用しただけの転載記事だろう。そもそもそういう転載記事を作っているのはスポーツ紙だけではない。『バズフィード』『ハフポスト』をはじめとする有名ウェブメディアも日々生産している。

第1章で「画像箱」を分析した際にも述べたが、ヤフー配信記事の画像リンクを使った流入作戦は大きなPVを生む。引きの強い有名人のSNSやテレビでの発言をそのまま記事化して流すとヤフーニュースでクリックされやすく、さらに記事内の画像リンクで目を引くキャッチをつければうまく自社サイトに読者を誘導できる。だからコタツ記事はもてはやされるのだ。

そして、実はコタツ記事化される芸能人はそんなに多くはない。単純化して説明すると「好感度が極端に高い」か「好感度が極端に低い」かのどちらかだ。その間にいるような芸能人は無視される。記事化されたところでPVに貢献しないからだ。

好感度が極端に高い人とはたとえば、広瀬《ひろせ》すず氏、松嶋菜々子《まつしまななこ》氏、菜々緒《ななお》氏といった女性タレントが多い。ヤフーの特性上、女性タレントの記事の方が読まれやすいことも理由にある。またひろゆき氏など「ネットの人気者」も読まれる傾向がある。

では逆に好感度が低い部類とされるのは木下優樹菜《きのしたゆきな》氏、ベッキー氏といった、過去にスキャンダルなどで芸能界でお騒がせした人だ。ちなみに私個人はいずれの芸能人に対してもなんの感情もなく、あくまでもこれは日々ネットニュースに接している者としての感想だ。

先ほど引用した朝日新聞の記事の中では、こうした記事の問題点についての弁護士の見解を載せている。

「元産経新聞記者で、ファクトチェックに取り組む楊井人文《やないひとふみ》弁護士は、報道機関に求められる『価値判断』や『検証』といった役割の放棄につながると指摘する。

『検証しないまま報じることでうそや間違いを拡散させてしまう。誤りはなくても、価値判断をせずに配信をすれば、情報の洪水の中にさらに情報を投げ込むことになり、ユーザーのメディアへの信頼を低下させる』」

たしかに、芸能人がSNSで発言した内容が虚偽であれば、嘘の情報を拡散しかねないことになってしまうため、報道機関としてはよくない。だが逆にいえば、検証と価値判断をすれば、芸能人の発言を無断で記事化してもいいことになる。果たしてそうだろうか。

むしろ今、コタツ記事がネットで問題になっている理由は「嘘の情報を拡散させてしまう」からではなく「勝手に無断使用されることの是非」なのではないだろうか。ネット記事で自分の名前や発言を無断で切り取られ、記事化されたことに抗議するタレントやインフルエンサーは後を絶たない。

まず一般論として、芸能人だろうが公人だろうが、その発言に報道すべき理由があるなら、社会に広く知らしめる理由があるなら、報道機関として引用は積極的にするべきだろう。

では、スポーツ紙やネットメディアのコタツ記事はどうなのだろうか。社会性があるのか疑わしい「芸能人が○○と発言して話題だ」「女子バレーボール選手の私服姿が話題だ」といった記事で、SNSへの投稿文や画像を引用として無断使用することは著作権法違反にならないのか。著作権法に詳しい桑田・中谷法律事務所の中谷寛也《なかたにひろや》弁護士に聞いた。

中谷弁護士は、SNSの投稿文について「○○と××は発言した」と記事で記載していたり、投稿画像について出典元を明記していたりすれば、それは「著作権法で認められる引用の範囲内にある」と指摘する。その上で「どんなに社会的に無用と思われる記事でも、個人のプライバシーや名誉などの他者の権利を不当に侵害しない限りは、法律的に問題視することは難しい」と話す。コタツ記事をめぐる批判は基本的には職業倫理の問題であるという認識を示した。

また、掲載された記事内容に対して批評性や独自の価値の付加がない場合においても「極端にいえば訃報《ふほう》記事など『事実の報道』もあるため、そうした記事が全てただちに著作権侵害とは判断しにくい」としている。

ただ一部の「画像箱」のように、SNSから流用している画像の数があまりにも多い場合は「著作権法で認められる正当な引用の範囲を超え、著作権法違反となる可能性は否定できない」と注意を促《うなが》す。

いずれにせよ、コタツ記事をあまり批判しすぎるのもよくないとは思う。なぜなら、コタツ記事が作られるのはPVが稼げるから、もっといえばコタツ記事を求める読者がいるからだ。何か違法なコンテンツを提供しているわけでもないのに、ヤフーニュースで多く読まれるコタツ記事を否定することは、その読者を否定していることにもつながるのではないだろうか。

コタツ記事に眉を顰《ひそ》める人にはこう言いたい——「あなたが読むべきはコタツ記事ではない」と。

しかし、そういう安易なPV狙いの手法を使わないウェブメディアは果たして成立しうるのだろうか。

次の第3章では、画像箱や過剰なページネーション、転載のようなコタツ記事になるべく頼らず持続可能なウェブメディアを作ろうと試みた、『みんかぶマガジン』での私の挑戦についてお話ししたい。

# 第3章

# 私が『みんかぶマガジン』でやったこと

## 打率0割から初安打まで

私が資産形成情報メディア『MINKABU』の編集長に就いたのは2022年5月だった。

2021年6月、プレジデント社時代に雑誌のいろはを徹底的に叩き込んでくれた当時の編集長が辞任した。当時私は編集長の考えを何とか誌面で実現しようと、むちゃくちゃなスケジュールで雑誌のデスク業務と現場作業を同時にこなしていた。

プレジデント時代にやった最後の仕事として記憶にあるのは、そのとき総理を退任していた故・安倍晋三氏へのインタビューだった。他の編集部員と一緒にまずは知り合いのつてを頼って安倍昭恵《あきえ》さんと関係を作り、そこから安倍氏にアタックするという年単位のプロジェクトだった。それが成功に至ったことには達成感があった。しかしそれ以降のことはあまり記憶にない。

編集長が交代すると「解放された」という安堵《あんど》と喪失感があった。そして誌面リニューアルがあり、自分の担当連載はゼロになった。これもまた更なる喪失感につながった。同時に雑誌や会社について色々と思うことがあり、会社に「自己主張の激しい」相談をしたがゼロ回答だった。「辞めるしかないか」と思い、会社を辞めた。

そのあと一社挟んで、ミンカブ・ジ・インフォノイド社に入社した。プレジデント時代にたくさんの寄稿をお願いし、一緒にムック本も作った経済アナリスト馬渕磨理子《まぶちまりこ》氏からの紹介だった。色々と悩んでいた中で「編集長になれる」オファーを持ってきてくれた馬渕氏には感謝しかない。つくづく人に多大な迷惑をかけながら、人に救われている。

さて、私は『MINKABU』編集長に就任したが、実質的に担当したのは『MINKABU』全体としての編集長というよりは、前年秋に始まった『みんかぶマガジン』の編集長だった。『みんかぶマガジン』は資産形成情報を提供するポータルサイト『MINKABU』のプレミアムサービスの一環で、有料会員読者に対して限定記事を配信するというものだった。プレミアム会員は資産形成をアシストするツール「アセットプランナー（アセプラ）」も利用できる。

そこから格闘の日々が始まった。プレジデント時代、上司が辞めてからストレスが軽減して痩せていたのが一気にリバウンドした。

無料メディアの場合は、メディアの乱立によりＰＶの上げ方のノウハウはもはや研究し尽くされている。私はプレジデント時代に培《つちか》ったノウハウからＰＶを上げることには一定の自信があった。一方で有料メディアの場合はまだ成功事例が少なく、完全に手探りだった。これまで、新聞記事、雑誌記事、無料ウェブ記事とさまざまな形の記事を制作してきたが、『みんかぶマガジン』ではそのどれもが通用しなかったという感覚があった。何をやったら会員獲得につながるのか全くわからなかった。数字がピクリとも動かない。一時期は成功しているサイトをそのまま模倣《もほう》しようとも思った。しかし、そうしてもなかなか数字につながらなかった。

「初めてやることなんだからそれもそうだよな」と思い、とにかくトライ・アンド・エラーを繰り返していくしかないと腹をくくった。数字を見るのが心底辛かった。というか今も辛い。できれば見たくない。

さて、そんな数字と格闘していた中、ある記事に手応えがあった。2022年8月に米国のナンシー・ペロシ下院議長が台湾を電撃訪問した際、政治アナリストの識者に、最悪の結果として米中摩擦激化による戦争、戦争に日本が巻き込まれる可能性などを解説してもらった。その記事が初めて「跳ね」たのだ。自分の身に危険が迫《せま》っているからこそ、読者としてはそれが会員になるインセンティブになったのかと思った。つまりは読者に何かしらのインセンティブがあれば課金につながるのではないかと仮説を持てるようになった。そういった形で何か数字に動きがあれば分析し、深掘りしていく、ということを続けた。

あまり好きな言葉ではないが、ビジネス用語でPDCAサイクルという言葉がある。Plan（計画）、Do（実行）、Check（測定・評価）、Action（対策・改善）を繰り返すことで品質を高めようというプロセスだ。しかしどうにも、「意識高い系」の人が好んで使っているイメージで、意識低く生きてきた自分はちょっと苦手だ。

私が取った方法はPDCAとは違い、ダメだった記事の改善にコストをかけるよりも、CV（会員獲得数）の良かった記事をさらに発展させていく、というものだった。極端にいうとCAに時間をかけずにPDを繰り返すイメージだ。「無駄な記事」を作らず、1つの記事のアベレージを上げていくことを心がけたのだ。これは無料ウェブメディアでPVを上げるときの考え方と同じ、量を増やすのではなく1本あたりのCVを上げることを優先し、コストのかかる記事本数の増加はその後に回す、という方法だ。

そうした中で少しずつ、1日に獲得できるプレミアム会員数が増えていった。

そしてその分析を通じて「A地点から別のB地点まで読者を運ぶ」ことが課金につながるのが見えてきた。ビジネス書の作り方に近いものがあるが、お金を払ってでも自分を変えたいこと、お金を払ってでも解決したい悩み、お金儲けのヒントや答えがありそうな記事に読者は課金しやすいのかもしれない、と考えられるのだ。

それにしても、全く結果が出なかったスタート当時から今に至るまで、これまでのMINKABUではあり得ないような記事を出し続けたことに対して、温かい目で見守ってくれた創業者の瓜生憲《うりゅうけん》ミンカブ・ジ・インフォノイド社長には感謝しかない。どう考えてもブランドを毀損《きそん》している記事もあったし、関係者が苦言を呈することもあったという。それでも任せてくれた懐の広さには脱帽するしかない。

なお、『みんかぶマガジン』の編集方針を聞かれることも多いのだが、私は「ない」と答えてきた。これは編集方針を掲げることにただならぬ恐怖を感じていたからだ。何か大層なことを言ってしまったら、その言葉は自分をのちのち苦しめるはずだ、と。

メディアに限ったことではなく、新規事業など綺麗《きれい》ごとだけではどうにもならない。MINKABUは資産形成メディアだが、自分が携わる『みんかぶマガジン』がどれだけお金に関わる記事を出せるかはわからなかった。結果が出るかなんて、正直なところやってみないとわからなかったからである。そして始まった当初は当然結果が出なかった。編集方針など後付けで考えるしかなかった。

## タワマン文学作家との出会いで見えた
## もう1つの可能性

そして、もう1つ転機が訪れた。Xで「タワマン文学」というジャンルの短編小説を公開し、SNSでは有名になっていた「窓際三等兵《まどぎわさんとうへい》」先生と連載を始めることができたのだ。

まず、タワマン文学とは何なのか。タワマン文学ブームはこんな1つのツイートから始まった。

「『あなた、SAP-Xのことなんだけど…』帰宅すると、妻が暗い顔をしてテーブルに座っていた。なんだ、夏期講習と8月分の月謝、しめて30万円はもう払っただろう。こっちは障害を起こした職場のITシステムの要件定義書紛失が発覚して大変なんだ…喉まで出かかった言葉は、妻の深刻な表情で引っ込んだ。」

2021年、窓際三等兵先生がX（当時はツイッター）に投稿した、タワーマンションに住む銀行員の哀しく、憐れな人生を描いた作品にツイッター民が共感をし、大きな「バズ」を生んでしまった。

このあともこのツイートへのリプライを連ねる「ツリー形式」で小説は進んでいった。私は初めて窓際三等兵先生のツイートを見たとき、「すごい人が現れた」と興奮した。バズる要素がちりばめられていると思い、作家性よりもネット策士としての凄みを感じた。創り話なのか本当の話なのかちょっとよくわからないその感じが、読者を何度も読ませてしまった。その仕組み作りに感動した。

ただそのときは窓際三等兵先生に、すぐに声をかけたわけではなかった。窓際三等兵先生をめぐり出版社の争奪戦になる気がしていて、そもそも当時自分は『プレジデント』にいてフィクションを扱うような雑誌の編集部にはいなかったので、静観することにした。

その後も窓際三等兵先生がタワマン文学をSNS上で書き続けていた。私もその様子は眺めていたし、いつかこの人と一緒に仕事をすることを夢見ていた。

そして2022年、MINKABUで編集長になった私は「やるなら今じゃん」と思い立ち、とりあえずツイッター（現、X）のDMで連絡を取ってみることにしたのだ。

ツイッターのDMだろうが、手紙だろうが、作家さんだろうとインフルエンサーだろうと、売れっ子さんは基本的に編集者には冷たいものである。同じタワマン文学作家としてツイッターに出現した麻布競馬場《あざぶけいばじょう》先生とは一度だけ会食を実現できたが、麻布先生へのDMとメールは未だに無視され続けている（麻布先生、もしこの本読んでたら返事待ってます）。

つまりは、どうせダメなのだからこそダメもとで「企画書を送る」のが大事だと思っている。「数打ちゃ当たる」わけで思わぬ大物を引っかけることもある。

ツイッターのDMで窓際三等兵先生に企画書を送ったところ、すぐに返事がきた。「面白そうですね！」。ということで実際に会ってみた。

窓際三等兵先生が書く小説は一部界隈からは「表現が露悪的だ」と評判が悪い。たとえばこんな描写がある。

「タワマン上層階で炊く米は固い」

「台風が来ると流れないタワマン低層階のトイレが、異臭とともに『ブリリア！ブリリア！』と儚げな音を出していた」

言うまでもなくタワマンの上層階ごときで炊く米は固くはならない。トイレの話は台風による浸水で大きな被害があった武蔵小杉のタワマン街を揶揄《やゆ》したもので、ブリリアとはタワマンのブランド名である。テキストから作者の性格の悪さがにじみ出ていた。性格の悪さが顔ににじみ出ているはずだ、と私は勝手に想像していた。

しかし実際に会ってみると、やせ型スポーツマンのタイプの体つきで、顎《あご》は細く、関西の言葉を使えば「シュッとしていた」。どことなく自分とはあまり似ていない6歳違いの兄の面影を覚えたが、聞けば年齢も私の兄と近く、同じく学生時代はスポーツをしていたそうだ。

正直、窓際三等兵先生と会う前ちょっと自分は「構えていた」のだが、その見た目の爽《さわ》やかさに勝手に親近感を覚えてしまった。そして兄と接するように先生にも接してしまい、私がつける過激なタイトルにも温かい目で見守ってもらっていた。だが、編集者と作家の仲が縮まるにつれ、だんだんとあの文章を書く理由というものも見えてきた。窓際三等兵先生が子どものころにテレビ、漫画、ゲームなどの娯楽を禁止されて抱いたコンプレックスに、聞いていて胸が痛くなる。

そんなこんなで念願の窓際三等兵先生との仕事が始まった。その名も「連載タワマン文学『TOKYO探訪』」。窓際三等兵先生が東京の街を訪れ、そのとき肌で感じたことを悪魔の窯《かま》で煮詰めた上で、ギトギトコッテリなタワマン文学にするというものだ。ちなみに連載第1回の舞台は武蔵小杉。東京ではなく神奈川県川崎市中原区の話だった。

さて、最初の連載数回は「お知らせ」ということで無料で公開してみた。するとやっぱりバズった。大きな宣伝になったのではないかとは思う。そして満を持して公開した有料版で結果は出た。久々の大当たりだ。大きく会員獲得につながった。

しかし、これは先述の米中危機で会員が取れたのとは全く違う理由があるように思えた。読むことによって身を守れる、読むことによって儲かる、読むことによって自分が成長できる、そういった「会員にならざるを得ない理由」というものが、タワマン文学にはなかった。

窓際三等兵先生の記事への人気に感じたのは、推しに対する課金パワーだ。タワマン文学を読んで自分が成長することはないかもしれないが、少なくとも窓際三等兵先生の作品に対して、読者の多くは課金を惜しまなかった。連載スタート後に窓際三等兵先生が「外山薫《とやまかおる》」という別名義でＫＡＤＯＫＡＷＡから出版した初の長編小説『息が詰まるようなこの場所で』は大ヒットし、「啓文堂書店 小説大賞２０２３」で第１位を獲得した。

そして、この「推し」への課金パワーはタワマン文学だけに限らないということもわかった。ルポ作家の日野《ひの》百草《ひゃくそう》先生にフィギュアスケート羽生結弦《はにゅうゆづる》氏の芸術批評を書いてもらったが、これも大きな反響があった。

羽生結弦氏を題材とした芸術批評なのだが、日野ワールド全開の今までに読んだことない文章に編集者として圧倒される。「一体自分は何を読まされたんだ……」。初めて原稿をもらったときに思わずこんなことをつぶやいてしまった。しかし文章に引きずり込まれる。この連載も多くのファンの方にたくさんのご支持をいただいている。

いずれにせよ、SNSを駆使し自分の作品のマーケットを作り出す著者の可能性を感じた。

そして「自分が推している作家」が「自分が成長する方法を教えてくれるコンテンツ」の掛け算が効率よく会員獲得につながるのではないか。そんな仮説を今は持っている。

しかしきっとこれも数年後、もしくは数カ月後は使えなくなっているかもしれない。それくらいウェブの世界は動きが速い。

ウェブの世界だけの話ではないのかもしれない。

今は第四次産業革命が起きているとされる。これまでも度々技術革新は世界で起きていた。その度に日本は、その技術をキャッチアップして、それを精錬し、日本の強みにしてきた。しかし今はその技術がジャンプする時代である。これほど技術がジャンプする時代というのはこれまでなかったはずだ。技術革新に伴い、世の中のありとあらゆるものの動きも速くなっている。

今はそれが正解だとしても、未来永劫それが正解のまま続くことはあり得ない。では、どうやったら正解を求められるのか。結局は読者との対話を続けるしかないのではないかと思っている。

## 全て違う！　新聞記事の書き方、無料記事の書き方、有料記事の書き方

『みんかぶマガジン』はこうして、1日のCV数（会員獲得数）が上がったり下がったりしながらも段々と上がり調子になってきた。少しずつだが、どういうコンテンツにしたら会員を獲得しやすいかわかってきた。そして、記事の構成の仕方も、『みんかぶマガジン』のような有料ウェブメディアと無料ウェブメディアとではちょっと違うということが見えてきた。

私は新聞、雑誌、無料ウェブメディアとさまざまな媒体を経験してきた。そして3つ

とも記事のフォーマットは違った。

まず新聞だ。私がいたのは共同通信社という通信社で、加盟新聞紙が紙面に使用する新聞記事を書いていた。

新聞というのは基本的に逆三角形を求められる。一番重要なことを最初に書き、原稿が進むにつれて内容の重要度が薄れていく。だから新聞は「見出しとリード文だけ読めばいい」と言われるわけだ。実際、見出しは記事の要約で、リード文に重要なことは書いてある。

そもそも毎日、新聞紙を隅から隅まで読んでいる読者はそんなに多くはないだろう。忙しいビジネスパーソンならなおさらだ。経営コンサルタントの小宮一慶《こみやかずよし》氏も日経新聞の効率的な読み方として見出しとリード文の活用を提唱している。

ちなみに共同通信社ではとくにこの「逆三角形」の書き方にこだわった。なぜなら配信先の加盟紙の整理マンが、掲載する各社の新聞の空きスペースにあわせて原稿を後ろから削っていくためだ。

次に雑誌だ。はっきりいって雑誌の種類にもよるが、私がプレジデント時代に上司から教わったのは「2番目に面白い話を冒頭にもってきて、1番面白い話を文章の最後までとっておく」だ。これは、雑誌特有の読み手にインパクトを与える方法であり、新聞とは違って長い記事を最後まで読ませる工夫でもある。

そして、こう書くと読者を混乱させてしまうかもしれないが、当時プレジデントで言われたことがもう1つある。それは「話題の順番はそんなに気にしなくていい」だ。新聞同様、1つの雑誌にはさまざまな記事が掲載されており、それを1つ1つ全部丁寧に読んでいく人も珍しいだろう。雑誌特有のパンチある見出しにつられて目次から個別記事のページまでいっても、注目の記事ほど1記事で4〜6ページほどの長さがあることもある。そんなとき、読者は文中の小見出しなどを頼りにして重要そうな部分を探して読む。雑誌においては、記者がどんな順番で話題を配列しても、その通りに読まれないこともあるのだ。

そして無料ウェブメディアだ。これは新聞とは逆の「三角形」で記事を書く。先述したページネーションで「次へ」を繰り返しクリックさせるためには、一番重要・面白い話をとにかく最後まで取っておく必要がある。雑誌とちょっと違う点は、雑誌はさまざまな記事の中から1つの記事が選ばれて読まれるからこそ、記事に引きずり込むようなインパクトが文章冒頭にもほしいところだが、無料ウェブ記事の場合、文章を読むとき読者はすでにタイトルをクリックしている。そうなると、文章の冒頭でいい素材を出してしまうより後出しにして、「次のページへ」のリンクで「キャッチー」な小見出しを配置し、「次のページに面白い話がありますよ」と演出した方が読者をさらに奥へと流し込みやすい。

原稿そのもので魅《み》せることができない分、無料ウェブ記事で何より重要なのは本文ではなく記事タイトルである。記事タイトルで全てが左右されてしまう。

無料ウェブメディアの多くが出稿するヤフーニュースはたしかに読まれればその威力が強いが、1日に7500本もの記事が配信されるヤフーニュースのような巨大サイトではとくに、記事のタイトルに何の工夫もしなければその記事は読まれない。どんなに内容がいい記事でもトピックスに選ばれない限り。だからこそタイトルには編集者の魂を削ってでもこだわるべきだと思っている。

では有料ウェブ記事の作り方はどうだろうか。まず無料と一緒でタイトルには魂を削る。その記事をウェブ空間に漂《ただよ》うインターネットデブリにしないためにも、何らかの形で認知してもらう必要がある。

そして本文はペイウォールを意識して前後で記事のテンションを変える。ペイウォールとは無料部分と有料部分の境目である。

たとえば『みんかぶマガジン』で配信した「あなただけの強みを見つける、たった一つの簡単方法…倒産連鎖時代に幸運を摑む『転職』の魔法」という記事がある。経営コンサルタント、投資家を経て、累計700万部のベストセラー作家となった本田《ほんだ》健《けん》氏の記事であるが、記事の構成は編集部が担当している。

この記事はまず、本田健氏の世界経済、日本経済の分析から始まる。

「日経平均株価が一時4万円を突破するなど株高が話題ですが、これは一時的な現象だと私は思っています。世界中の人と話していても、一般経済は傷んでいます」

「これから世界経済は大不況に突入することが予測され、そうなれば株式市場のバブルも崩壊することになるでしょう。そして、中小企業や建築関連を中心に倒産連鎖は加速していくことになり、生きることが難しい時代になってきます」


こんな感じで、記事前半では読者にとって記事を「自分ごと」にしてもらう。もしかしたら自分や家族の会社も倒産するのかも……と。

内容について、あくまでも本田氏の見立てであることは強調しておく。

次に本田氏は「大変な時代に運を摑むには、自分の居場所を間違えないこと」——つまり転職の重要性を説く。

では自分の居場所とはどこなのか、自分の強みとはどうやったらわかるのか、それがペイウォールの後ろに隠れている。大変な時代に運を摑みたい、自分の強みを知って転職したい、そういう解決策を記事の後半では記載していく。つまり実利に関わる部分だ。

無料部分で問題意識を伝え、「自分ごと」として興味を持ってもらい、有料部分でその結論を述べる。これが有料記事の構造である。

さて、私がもう1つ有料記事の制作において意識していることがある。それは読者の本能と理性を分けて訴えることだ。

1つずつ説明していこう。

まず読者の本能に訴えかけるとは、記事のタイトルを見てクリックし、本文を読んでもらえるよう興味を惹《ひ》くことだ。

無料メディアも一緒なのだが、ウェブ記事はタイトルをクリックされなければどうしようもない。これがないとセッションが始まらない。

ちなみにセッションというのもれっきとしたメディア用語で、セッション数とは読者がウェブメディアに訪問した数を示す。有料メディアではこのセッション数を重視する。サイトの訪問者数を表すユニークユーザー数（UU）について第1章で解説したが、セッション数がUUと違うのは、UUは一定期間に同じ人が3回メディアに訪問したとしても「1」だが、セッションだと「3」になることだ。有料メディアはある意味お店を営んでいるようなものなので、お店にきた人間の数より、訪問の回数を測る方が実態をつかみやすい。1回のセッション中で同じウェブサイトの別記事に回遊するとその分PVは上がっていくが、セッション数は1のままだ。

いずれにせよ、とにかくタイトルで読者を惹きつけ、クリックさせないといけない。記事へのアクセスが外部のサイト経由なのか、SNSからか、検索なのかもタイトル次第で全く変わる。中身が同じ記事でもヤフーに配信する記事はヤフーで受けやすいタイトルにするべきだし、その記事の作家本人に記事を紹介してもらうSNSでは、作家のファンが反応するようなタイトルに変えるべきだ。

タイトルとは読者の本能との闘いだと思っている。あくまでも筆者である私個人の話だが、インターネットで記事を読むときは無意識に記事のタイトルを見たうえでクリックするかを判断している。好きな作家の名前なのか、自分が住んでいる場所の地名なのか、何かしらのキーワードに自分は反応してしまう、そういう記事を読んでいるのだ。

だからこそ、私はタイトルは長くするべきだと思っている。キーワードを可能な限り詰め込むためだ。通信社記者時代、タイトルは「短い方が美しい」と教わったし、ルールとして見出し1本は12文字までだった。限られた新聞の紙面の中でできるだけニュースを詰め込むためにはタイトルは「短く簡潔に」が正解のはずだ。また雑誌も誌面レイアウト上、タイトルが長いとバランスが崩れる。新聞ほど短くはないが、それでもタイトルは長すぎない方がよい。しかしネットは違う。

かつてはどこのウェブメディアも、雑誌や新聞の前例に倣って短めの見出しで記事を配信していたが、だんだん短くすることに明確な意味がないことに気づいてきた。たしかに「短く簡潔」な方が美しさも感じるし、記事が締まっている気がする。しかし、ネット記事の数字を見ていると、短いタイトルよりも長いタイトルの方が「バズる可能性が高い」。だから、各ウェブメディアのタイトルはどんどん長くなっていった。そしてタイトルの字数が変わっていっても、読者は本能的にタイトルをクリックしているがゆえに長さがあまり気にならない。

本能的にクリックする人に見てもらうタイトルなのだから、できるだけ平易な言葉を選ぶべきだ。難しい漢字が並べばその時点で関心を失う。どうやったら読者の反射的なクリックが得られるタイトルになるのか、ウェブ記事を作る人間は有料・無料を問わず自分なりに研究をするべきだと思っている。雑誌時代の先輩に口酸っぱく言われたが、「編集者はタイトル作りに最も注力するべき」なのだ。

読者にタイトルをクリックしてもらったところで無料メディアなら一件落着だが、有料メディアの場合はもう1つの課題がある。「課金へのハードル」という読者の理性と闘うのだ。

課金することへの心理的ハードルは高い。書店やコンビニで雑誌を買うよりもハードルが高い。それは雑誌販売部数とサブスクメディア課金者数の数字を比べれば明らかなようにも思う。たとえ最初の無料トライアルであっても、クレジットカードの番号を入力することに抵抗を覚える。私もそうだ。

だからこそ、今度は理性に訴えかけるしかない。「会員登録してペイウォールを外したらこんないいことがあります」と、具体的なメリットを提示するのだ。儲かるかもしれない、モテるかもしれない、推しを応援できるかもしれない……。この記事を読んで「何かが変わる自分」にある程度期待してもらう。会員登録してもらうことに納得してもらう。そうしてようやく課金につながる。

最初は本能的に記事まで誘導させ、そのあとは読者の理性に訴えかける。こうやって『みんかぶマガジン』は少しずつ会員数を伸ばしていった。

## 連載と特集——有料会員を増やし、やめる人を減らすテクニック

『みんかぶマガジン』では無料記事と有料記事を配信しているが、有料記事は基本的に「特集」もしくは「連載」として、複数記事をセットにして配信している。

この特集と連載は雑誌的な考えで作ってきた。特集は1つのテーマに沿ってさまざまなバックグラウンドを持つ作家・識者・ライターの寄稿やインタビュー文をセットにしたものだ。連載は同じ作家・識者・ライターの寄稿やインタビュー文を複数回に分けた記事のセットだ。

セットにする理由は単純で、バラ売りするよりも記事をまとめた方が会員登録数がとりやすいからだ。それは、セットにすることで課金インセンティブが上がるからではないかと思っている。

たとえば有名投資家にインタビューをしたとする。これを1本の長い記事にするよりも、3本の読みやすい長さの記事にした方が、課金する側からすればどこかお得感はないだろうか。あなたが読者だったとして、たまたま気になったのは、その有名投資家の「私が絶対に守る3つのマイルール」という記事だったとしよう。読みたい記事がこの1つの記事だと会員登録するのに躊躇《ちゅうちょ》してしまうかもしれないが、他にも会員限定で「私が買う銘柄《めいがら》を選ぶとき、何の情報を見ているのか」という記事も読めるとしたら、「だったら登録してみよう」という気持ちにはならないだろうか。

ペイウォールがあると、その記事が実際どんなに長いのかというのがわかりにくい。ペイウォールの後ろには、ここでしか読めないような優良情報がたくさんつまったインタビューがあってもだ。だが、これを3分割にすれば「3本の連載記事」となり、1本よりも何だかお得そうな気がする。

このお得感は数字に表れる。1本の有料記事として配信するより、複数記事に分けたほうが会員獲得数は2〜3倍くらいに伸びるのだ。

そして有料記事を配信する際のパッケージングのもう1パターンが、先述の「特集」である。

特集はだいたい5〜7日間にかけて複数の作家・ライター・識者が同じテーマについて寄稿したり、インタビューで語ったりした記事を連続公開する。

これも基本的には連載と同じ「記事が多い方がお得感があって会員登録につながる」という理由でセットにして販売する。ただ連載と違うのは、特集はテーマに主眼を置き、連載は作家に主眼を置いている点だ。

そんな特集だが、当然テーマによって売り上げは左右される。『みんかぶマガジン』が定期的にやっている特集の1つが「投資特集」だ。MINKABU（みんなの株式）という名前通りの投資メディアらしいテーマで、安定して会員を獲得できる。ただ市況にも左右されやすい。

他にも、「婚活」「不動産」「転職」「中学受験」なども人気の特集テーマだ。「介護」特集もやったことがある。特集のテーマはどう考えているかというと、基本的には「資産形成をする理由」をテーマにするようにしている。

そもそも人はなぜ資産形成をするのだろうか。そして株式投資をするのだろうか。そこには必ずお金が必要な動機があるはずだ。

たとえば中学受験には300万円かかると言われている。『みんかぶマガジン』によく登場する教育投資ジャーナリストの「戦記《せんき》」氏は自分の娘の中学受験に「632万円を使った」と振り返っているが、中学受験はとにかく金がかかるのだ。

過去、特集で扱った「婚活」も「不動産」も「介護」も全て金がかかる。なので、イメージとしては、お金が関わる全てのライフイベントごとに特集を作っている感じだ。転職が当たり前になった世の中だからこそ、転職もメジャーなライフイベントだと捉えて特集にした。

こういったお金に関連するテーマを特集しているのは、特集で課金して会員になった人に、他の『みんかぶマガジン』のマネーコンテンツも読んでもらいたいからだ。

そうすることによって『みんかぶマガジン』として狙っているのは、会員のLTV（ライフタイムバリュー）の増加である。有料講読の継続率を高めたいのだ。中学受験に関するコンテンツで『みんかぶマガジン』を知って入会した人を引き止めるためにも、中学受験から切っても切れないお金のコンテンツも提供する。そして中学受験が終わったら今度は高校受験、大学受験と別の有料コンテンツで引き止めるというものだ。

そうしたライフイベントに沿うようなテーマで、先述した「自分が推している作家」が「自分が成長する方法を教えてくれるコンテンツ」を、「ペイウォールの前と後ろで記事のテンションを変える」書き方で7〜8本を用意している。これが『みんかぶマガジン』の特集の作り方で、会員を安定的に獲得するという意味では現在堅いやり方だと思っている。繰り返すが、おそらくすぐにこのやり方も通用しなくなる。

さらにこういう有料記事の作り方に「時事性」を加えると一気に爆発する。1つの例として、本章の冒頭で記述した政治アナリストによる米中摩擦記事がそうだ。他にも『みんかぶマガジン』ではプロ・インタビュアー吉田豪《よしだごう》氏による「私が愛した松本人志《まつもとひとし》」という短期連載を配信したことがあり、これも大ヒットした。松本人志の文春報道がメディアジャックしていた時期に出した記事だが、「今読まないと意味がない」ものがトレンドに乗っかると多くの会員獲得につながる。

もう1つ、有料記事を企画するにあたって大切にしていることは「誰が課金するのか」である。中学受験特集であれば、実際に課金するのは中学受験を控《ひか》えている受験生本人ではなくその親であるから、ではその親に向かってどうやって特集や記事を認知してもらえばいいのかを考えるのだ。中学受験をする子供ではなく、親の悩みを解消するというメリットのある記事を作り、親世代にこの記事を届けるルートを作らないといけない。

また別の例で言うと、前安芸高田《あきたかた》市長で2024年の東京都知事選に立候補して話題になった石丸伸二《いしまるしんじ》氏はインターネットで非常に人気の政治家である。しかし彼が最も人気なのはXでもフェイスブックでもなくユーチューブやTikTokといった動画サイトである。なので石丸伸二氏の記事を制作するにあたっては、ただ「インフルエンサーとしてネットで強いから記事も読まれるだろう」ではなく、どうやって動画サイトの利用者に『みんかぶマガジン』のコンテンツを認知してもらい、会員登録までしてもらえるのかを考えた。

こういった商品の企画製造から販売までを1つの線にして設計するという経験はこれまでの雑誌編集者や通信社記者時代にはなかった、有料ウェブメディアの編集長ならではのものだった。

# 第4章

# ウェブメディア編集者って何者だ？

## 通信社、雑誌社、ウェブメディア 媒体の違いで読者も変わる

私は新卒で共同通信社に記者として入り、雑誌編集者を経て今は有料サブスクメディアの編集長をしている。この章では新聞社・通信社と雑誌社、ウェブメディアの各種メディアで仕事をしてわかった違いや、ウェブメディア人材として活躍するためのキャリアや資質について語っていきたい。

メディアごとの記事の書き方の違いは第3章で述べたが、1本1本の記事の役割も媒体によって大きく異なる。そして売り方も異なる。

新聞は題字（ブランド）で売っている。もしくは販売店の血のにじむような拡販努力で売っている。「朝日新聞」「読売新聞」という強烈なブランド力と、購読を他紙に切り替えたら販売店からもらえるおまけによって読者は新聞を買っているのだ。

なので、新聞は中身（記事）によって売り上げが左右されるということはほぼない。いい記事があったとしても経営にインパクトを与えるようなことは少ない。むしろ朝日新聞の従軍慰安婦誤報問題などで、題字が毀損されたときの方がインパクトが大きい。

雑誌は表紙で売っている。表紙、すなわち特集だ。2023年はChatGPT特集がさまざまな経済誌の巻頭を飾り、2024年1月に新NISAが始まった際にはマネー誌だけではなくトレンド雑誌などでも新NISAをこぞって特集していたのがその例だ。なぜこういう現象が起きるかというと、書店のPOSデータなどから「売れた」と判断された特集を他の雑誌が模倣することで起きる。気が付けば雑誌のジャンルを問わず同じような特集、同じような表紙の雑誌が書店の雑誌棚に並んでいる。

そして売れた特集は何度も繰り返す。『週刊現代』や『週刊ポスト』は「死ぬまでセックス」「死後の手続き」「飲んではいけない薬」など高齢者向けのメガヒット特集を何度も繰り返し発売してきた。

ただし、『週刊文春』や『週刊新潮』など表紙で特集名をアピールしていない雑誌もある。そういった雑誌は「スクープ主義」などと言われている。

雑誌の制作方法には大きく分けて「仮目次主義」と「スクープ主義」の2つがあるとされる。

仮目次主義とは「新NISA」など、その号の特集をまず最初に決めて、そこから「こういう目次だったら面白いし売れる」といった具体的な記事のアイデアを出し、仮目次を作成していく方法だ。仮目次を作ってから識者やライターなどを選定して記事制作にとりかかる。当然取材過程の中で仮目次通りにいかなかったり、もっと面白い内容がわかったりするが、それはその後の過程の中で調整していく。この仮目次主義の雑誌は流《は》行《や》りのテーマを取り入れることも多いので、先ほど述べた「どの雑誌も同じ特集をやっている」という現象のゆえんでもある。

他方、もう1つのスクープ主義は、自分たちのネタ元などからのスクープを面白い順に並べて雑誌を作っていくスタイルだ。

仮目次主義とスクープ主義は一長一短だが、仮目次主義は安定した売り上げをキープでき、スクープ主義は売れるときは爆発的に売れるという特徴がある。雑誌の題字ではなく中身で売れ行きが左右されるのはどちらも同じだ。

では無料ウェブメディアはどうかというと、雑誌でいうスクープ主義に考え方としては近い。ただ雑誌との違いは「媒体力」があまり考慮されない。雑誌の場合、同じ記事でも『週刊文春』のような総合週刊誌に載るのか、それとも経済誌か女性誌かなど、媒体によって記事のインパクトは変わってくる。たとえばヤフーニュースにはさまざまな媒体の記事が掲載されるが、大半の読者はあくまでも「ヤフーニュースの記事」として読んでいるため、それがもともとどこの媒体の記事なのかなどを気にしていない。

そうなると記事1本1本の勝負である。なんなら記事というよりもタイトル1本1本の勝負だ。ヤフーに限ったことではなく、無料メディアが流入元としているさまざまなプラットフォームでは元の媒体名はフィーチャーされないし、読者も気にしていない。ただグーグルなどの検索サイトにおける検索順位はドメインパワー（サイトのアドレスが持つ権威性）に大きく基づくので、結果としてレガシーメディアの記事は検索上位に表示されることが多いが。

つまりタイトルが面白そうなら、記事が面白ければどんなメディアの記事でも読まれるのが無料ウェブメディアの世界だ。現場の記者やライターの力量がもろにＰＶや業績に直結してくるからこそ面白いし、だからこそ怖い。自分の能力を過信した紙の記者・編集者がウェブに来て、実力主義のウェブの世界で全くPVが取れないという現実に落ち込んでしまう過程を何度も見てきた。

そして有料ウェブメディアも、結局は無料ウェブと同じく記事1本1本での勝負になってしまう。読者の流入経路は無料ウェブメディアと同じだからである。つまり、何度も言うが本当にタイトルが全てなのだ。

『みんかぶマガジン』では雑誌的な、仮目次主義的な作り方で特集を制作している。まずはテーマを決め、そこから個別記事を詰めていくのだ。しかし現状、本屋に訪れた客が雑誌を表紙で品定めするようなことはネットでは起こりにくい。1つ1つの記事タイトルを見た人がクリックして実際に読み、その記事のリード文などから「この記事は特集内記事の1つなのだ」と特集の存在に気づいているくらいだ。そもそも特集内記事だと気づかない読者の方が多いのかもしれない。

通信社、雑誌、ウェブに在籍してきた私の感覚でいうと、ウェブが一番ノリが軽い一方で、1本1本の記事には一番重みがある。私は通信社時代は自社の売り上げを左右しないような記事をひたすら書き続け、雑誌編集者としてはあくまでも特集を支える記事を制作してきた。しかしウェブは1つの記事ごとに成績が出る。なので、より記事1本ごとの費用対効果や売り上げ貢献を意識して作るようになる。

いずれにせよ、通信社、経済誌、ウェブと転職してきたキャリアはメディア業界では珍しいらしく、ダイヤモンド社の山口圭介氏にもご飯を一緒に食べるたびにそのことを言われる。山口氏も『産経新聞』→『週刊ダイヤモンド』→『ダイヤモンド・プレミアム』という経歴が私と似ているのだが、いわく「通信社、隔週誌（『プレジデント』は週刊でも月刊でもなく、正確に言えば月2回刊）」というのがレアとのことだ。たしかにあまり似た経歴の人には会ったことがない。

だから何だという話だが、情報が溢《あふ》れている世の中で情報を商品にして商売していくには「違い」を出していくしかなく、他の編集者と違うキャリアを経ているというのも差異化の1つになる。結局は自分のこれまでのキャリアが『みんかぶマガジン』の編集方針にも影響している気はしている。

## 有料ウェブメディアの本質は雑誌編集にあった

私が『みんかぶマガジン』で大切にしている1つのことは、何か面白いテーマや切り口があったとき、それを「誰に言わせるか」にこだわることだ。

第3章でも解説したが「自分が推している作家」が「自分が成長する方法を教えてくれるコンテンツ」というのが、課金されやすいコンテンツのテンプレートの1つだと思っている。

テーマや切り口は編集者の頭の体操、マーケティングデータ、読書・映画・人との面会などの日々のインプットによってできる。当然センスは必要なのだが、経験を重ねていけば自然とセンスがついてくると思っている。

一方で「誰に言わせるか」の部分は難しい。なぜなら、寄稿やインタビューをどう依頼し、いかに受けてもらえるか（あるいは断られるか）は人間同士の交渉だからである。

「米国大統領選前にドナルド・トランプとカマラ・ハリスの独占対談記事を作れたら面白いよね」とは誰でも考えると思うが、そんな対談をほとんどの人は実現できない。ハリス対トランプが難しくても、少しでも「大物を」という姿勢が大切だというのが私の考えである。

たとえば『みんかぶマガジン』でも、1ドル＝160円という急速な円安が進んだことを受け、「円安クライシス」という特集を展開した。

企画段階では、編集部内で「ドル円相場の今後について語らせるなら誰が面白いのか」ということを考える。早く仕事を終わらせたい編集者は誰でも接触可能な、リーチャブルな識者を選定する。誰とはあえて名指ししないが、よくメディアで便利屋のようにコメントしてくれるような人たちのことだ。ただ誰も識者がつかまらなかったとき、こういう便利屋さんに泣きつくことも多いので、批判は全くできない。便利屋さんとの企画が思わぬラッキーパンチでヒットコンテンツを生み出す可能性もある。

ただ、コンテンツの作り手として、少しでもいいものを生み出そうとするのであれば、少しでも「大物」の識者に挑戦していくべきである。ドル円相場の行方であれば日銀総裁のインタビューがとれたらデカい。しかし日銀の総裁がそうやすやすと1メディアの独占インタビューに出てくれるわけではない。

だったら誰に語らせたら面白いのか、課金する価値があると思ってもらえるのか。「円安が進む中、ドル円相場の今後を誰に語ってもらったら読みたいか?」——読者のみなさんが編集者だったら、誰にオファーしようと思うだろうか?

『みんかぶマガジン』として出した答えは当時自民党の幹事長だった茂木敏充氏だ。岸田・自民党のナンバー2である。自民党の現役幹事長のインタビューは普段お願いしてもなかなか許諾してもらえない。しかし、このときは編集部の優秀な編集者がつてを使ってインタビューを取ってきてくれた。

茂木氏には政権与党の幹部として、経済通の政治家として、この局面をどう捉えているのか、政府として次なるアクションを考えているのかを聞いた。そして茂木氏はインタビューに「国民にとってもマイナス面の影響が大きい」「150円を超えている水準は是正する必要がある」と答えてくれた。これは新たな介入を示唆したともとれる内容であり、多くのビジネスパーソンや投資家界隈にも課金される記事となった。そして実際、8月以降は円高が進み、1ドル＝140円台を推移した。

ちなみに編集部の努力の結果、この特集には茂木幹事長のほか、経済学者の竹中平蔵氏、ベストセラー作家の本田健氏、実業家の堀江《ほりえ》貴文《たかふみ》氏が登場してくれた。

メディアへの登場頻度が高い、有名アナリストに為替展望を語らせても課金にはつながらない。切り口がよければタイトルにつられてアクセス流入は得られるかもしれないが、課金への決め手が欠けている。だからこそ「より大物を」という姿勢は有料メディアでは大事だと思っている。

なお、この「より大物を」という姿勢はMINKABU独自のものでも何でもない。もともとその思想を私が叩き込まれたのは『プレジデント』編集部時代であった。『プレジデント』はビジネスリーダーが読む雑誌とされ、当然雑誌に登場する人物にも格の高さが求められる。

「格」とは曖昧なものではあるが、結局は「お金を払ってでも記事を読みたい人」のことだと思う。私が現役時代、『プレジデント』編集部員の人事査定で「大物を誌面に登場させる」ことは1つの評価軸になっていた。

私も『プレジデント』編集部時代に多くの大物との企画を実現できた。先述の通り年単位のプロジェクトで安倍晋三氏のインタビューが実現できたこともあった。当時官房長官だった菅義偉《すがよしひで》氏の人生相談を始めたり、ジャーナリストの伊藤詩織《いとうしおり》さんの連載を始めたりした。

プレジデント時代の先輩である浜根英子《はまねひでこ》氏（現・『ダイヤモンド』編集部）は、ジャーナリスト・池上彰《いけがみあきら》の連載を取るために自宅や講演会に通っただけではなく、聴講生として大学の授業も受けて連載を獲得した。また、元外交官で作家の佐藤優《さとうまさる》氏に対しても、他誌での連載が終わったことを知るやいなやすぐにオファーを出し、自宅や講演会に通っていた。

別の編集部員も橋下徹《はしもととおる》氏が政界引退会見をした後すぐに大阪へ向かった。記者が「大阪都構想の敗因」を問いただした際、「有料メールマガジンを市長をやめてから出すので、そこで書きます」と言ったためだ。その編集部員は連載をメールマガジンとセットで提案し、実現させた。

私が大物企画を実現できたきっかけもさまざまで、伊藤詩織さんが性被害を告発する記者会見で「告発したことで、日本では仕事ができなくなるかもしれない」と将来への不安を語ったのを聞いて、プレジデントでのライター業務の仕事をオファーしたのが連載のきっかけだ。菅義偉氏の人生相談も、別のインタビューの中で「毎朝、新聞の人生相談欄の質問を読んで、まずは自分の答えを考えてから新聞の回答を読んで、答え合わせをしている」と聞いたのがオファーのきっかけだった。

だがアタックしては砕《くだ》け散ったことの方が多かった。とある有名作家の自宅まで切手のない手紙を届け続け、ある日奥さんが家から出てきて追い返された。それでも手紙を書き続けたが、最終的には本人直々のお断りの手紙がきたこともある。それでも粘ろうかと悩んだが、上司の判断でそこで諦《あきら》めることにした。

彗星《すいせい》のごとく現れたニューズピックスは堀江貴文氏、落合陽一《おちあいよういち》氏を中心にコンテンツで一世を風靡した。今、急成長しているReHacQやPIVOT、今はなくなった日経テレ東大学にしても、どんな識者を出すかにこだわりの強さを感じる。一時期大流行りしたのはひろゆき氏や成田《なりた》悠輔《ゆうすけ》氏だが、最近では前安芸高田市長の石丸伸二などの動画が伸びている。100億円投資家のテスタ氏なども注目度が高い。

紙、ウェブ、テレビなどで大物の定義はやや違うのだろう。しかし共通しているのは数字を持っている人ということだ。

そういう意味で、ウェブメディアがやっていることは、雑誌時代と本質的にやっていることは変わらない。数字を取れる人、課金しても読みたい人、その人たちに編集部はアプローチをかけ続けている。こちらが登場する識者に格を求める以上、編集部・媒体側にも格を求められる。もともとMINKABUというブランドは投資家に対しては大きなプレゼンスがあったからこそ『みんかぶマガジン』成長にあたって大きく助けられたが、MINKABUを知らない人たちには「バズらせる」ということで寄稿者である作家の信頼を勝ち取ってきたと思っている。つまりは「世間から反響を引き出す」ということだ。

だからこそ注目をされるようタイトルにはこだわるし、インタビューであれば忖度《そんたく》はしない。それで何度も取材先から苦言・クレームがきた。それでも、「目がチカチカするような激しいタイトル」「本文の合間で飛び跳ねている小見出し」「本当は言いたくないような本音に溢れる本文」でコンテンツを提供することが、『みんかぶマガジン』に登場する識者に対して、われわれ編集部ができる最大のおもてなしだと思っている。

## 新聞記者は潰しがきかないのか?

私が通信社時代、よく聞いた言葉がある。それが「新聞記者は潰しがきかない」というものだ。つまりは新聞記者は嫌でも辞めない方がいいよ、という先輩からのアドバイスでもあると思う。たしかに営業職、エンジニアのように元記者は引く手あまたの職種ではないかもしれない。

だからといってそこまで悲観的になる必要もないのではないか、というのが個人的な感想である。というのも、やっぱり私の記者時代の経験は今でも大いに生きているからである。

自分にとって一番の武器となったのは速筆力である。テーマにもよるが、「何かあったことを周辺情報を集めながら書く」ような記事であれば、過去には時計を見ながら1000字程度を20分で執筆していたこともあった。書き終わったらそのまま次の原稿にうつり、1時間で3本記事を書くようにしていた。

新聞記者もそうだが、とくに通信社は、まずは「とにかく一報」の世界だった。今ではどこの新聞社もウェブ展開しているためSNSや自社のウェブサイトに速報を流しているが、共同通信社では何かニュースがあれば、まずはお知らせの意味を込めた5行（60文字程度）の記事を求められた。そこから差し替えや追加などをして記事を長くしていく。

そして中堅記者になると、現場がワァワァとニュースを次々に差し替えている横で100行ほどの長物の解説記事を書いている。その日あったことはその日のうちに、地方紙各紙の降版時間までにとにかく原稿を書きあげる。しかし必ずしも記者がそのニュースに対する専門的知見があるとは限らない。当然識者に電話したり、関係者に取材したりするのだが、必ず連絡が取れるというわけでもない。だがどんな状況だろうと新聞紙面に耐え得るコンテンツに仕立て上げる技術が求められる。

実は雑誌・ウェブではこの「素早く書ける人」が少ないように思える。インタビュー原稿などをその場で書きあげることは雑誌・ウェブではあまりないが、新聞記者は会見中に原稿を書きながら質問をしている。この素早く書く能力が雑誌・ウェブで全く必要ないかというと、そんなことは一切ない。

ヤフーやグーグルなどのプラットフォームやSNSにおいても、何かニュースが起きたときに「最初に記事を出す」ことは、記事の評価につながりやすい。実際安倍総理銃撃事件直後に出した長物の『みんかぶマガジン』の記事はグーグルで高く評価され、グーグルからの流入が多かった。またヤフーニュースでも複数のメディアが報じるようなニュースに関しては、早く入稿されたものの方がトピックスに選ばれる優先度が高くなる。

また本来即時性を求められないような記事でも早く書ける人は重宝される。編集者とは常に時間に追われている人なので、すぐに書ける人は助かる。また編集者とは識者、ライター、カメラマン、デザイナー、印刷会社、めんどくさいデスク・編集長、法務部……など、さまざまなステークホルダーの調整役でもある。一人が遅れると全てに影響する中で、コンテンツの肝となる原稿がとりあえず超速であがってくるのは助かる。

そして元新聞記者の記事は早い上に丁寧だ。なんだかんだしっかりとした記者の教育システムが新聞社にあるからだ。雑誌でスクープをとってくるような敏腕フリーライターも、記事を書かせてみるとまるでポエムみたいな原稿を送ってくることもよくある。そういう中で元新聞記者の仕事は安定している。

さらにもう1つ今すごく活きてているのは、「リスク管理能力」だ。

雑誌・ウェブメディアの記事は新聞と比べると、いい意味でも悪い意味でも踏み込んだ記事が多い。新聞では書けないことを雑誌・ウェブでは書くということだが、それは言い換えれば雑誌・ウェブはその分リスクを抱えて記事を書いているということでもある。

新聞は中身の記事ではなく「●●新聞」という題字で売っているということは先述した。題字にはブランドがある。誤報が発覚したときのハレーションは新聞というメディアが一番大きい。もちろん、なんのメディアだろうと誤報はよくないのだが、新聞がやると大きな騒ぎにもなる。だからこそ、石橋を叩いて渡るように記事を書く。

そして表現の仕方にも細心の注意を払う。たとえば事件報道では、「容疑者の犯人視報道をしない」などは当然のことで、逮捕原稿には必ず容疑者の認否《にんぴ》や言い分を載せるなど、細かいお作法がある。これらは結局全て、現場の記者が身を守るための手段だ。それが徹底されている。

だがしかし、雑誌・ウェブにはどうもこの手の知識の少ない人もポツポツといる。というかそもそも訴訟《そしょう》ありきで考えている人もいる。「裁判で負けてもその分売れればいい」という考えだ。当然、こういう考えはよくない。

いずれにせよ、記事のリスク管理について詳しい人は、雑誌だろうがウェブだろうが「編集部に一人はいてほしい人」である。中には中途採用を新聞社出身者で固めた無料ウェブメディアもある。編集者的視点がなくても、「基礎がしっかりしている」ことは評価にもつながる（ちなみにこれは当然、新聞記者は「リスクテイクできない」というマイナス評価にもつながっている）。

新聞記者のリスク管理能力は外資系のリスクコンサルティング会社からも注目されており、転職事例を頻繁に聞く。私自身も転職エージェント経由で紹介されたことがある。

今や新聞記者はどこの社もかつてほどの高給をもらえていないだろう。ウェブや雑誌は新聞よりもさらに劣る給料体系になりがちだが、副業には寛容な社も多いため、収入維持はそれほど難しくないのではないか。

それに「事件記事」はやっぱり読まれる。『集英社オンライン』が外部配信を含めて、1億PVを創刊約1年で突破したことが業界では話題を呼んだが、同サイトのメインエンジンとなったのは事件記事だ。同社は『週刊文春』の元記者を迎え入れ、事件報道に本腰を入れた。

新聞記者の多くは事件記者としてキャリアをスタートさせるわけで、多くの素養はある。だからこそチャンスは色々なところに転がっている。新聞記者は決して潰しがきかない職業なんかではないと思っている。

話をまとめると、私は通信社で記事のリスク管理を学び、雑誌社で記事のリスクテイクを学んだと思っている。お行儀よくしていても読者はやってこないし、破滅的に暴れても媒体は潰れてしまう。ウェブメディアは紙に比べてまだまだ無法地帯だ。個人が発信できる時代になったからこそ危なっかしい記事や動画などをよく見かける。それに釣られるウェブメディアも多々みられる。

どこまでがセーフか、どこからがアウトか、というのは非常に難しい議論で、時代や条件によっても大きく異なる。しかし確実に言えるのは、紙媒体で教えるリスク管理・リスクテイクとはとてもウェブに役立つものだということだ。

## ウェブメディア人は紙媒体を経験するべきなのか

もう1つ、ウェブメディア業界でよく議論になることがある。「ウェブメディアを作る人間は紙媒体を経験しておくべきなのか」だ。これに関しては、紙にこだわる必要はないが、複数の媒体を経験するのはプラスになるというのが個人的な見解だ。

というのも、新卒採用のまま他のメディアを経験せずにずっと1社だけでキャリアを積んだ人の中に、視野が極端に狭い人が稀《まれ》にいるのだ。

メディアとは基本的に批判されるし、嫌われる。それはそれでそういうものだから仕方ないのだが、メディア人はなぜ批判に負けずに同じような論調の記事を出し続けられるかというと、メディアに対する強い愛と「世間が間違っていて、自分たちは正しい」という正義感を集団で共有しているからのように思える。

正直メディアによって「記事のレギュレーション」「トンマナ」「何が社会正義なのか」などは全く異なる。この問題はメディアとして取り扱うべきなのか否か、この表現は誰かを傷つけないか、メディアをやっていれば悩むことも多いが、媒体によっても時代によってもその判断は異なるだろう。だが、経験媒体が少ないメディア人の中には、自分たちのやり方が唯一無二で正しいという思考に陥る人がいる。

世間から批判されやすい職業だからこそ、自分たちに強い誇《ほこ》りを持っていなければやっていられないのもあるだろう。メディア内では、反響がない記事を書いた記者たちは

「いい記事なんだけどね」などと慰《なぐさ》めあう。慰め合うこと自体はいいと思っているのだが、これも結局は「世間は間違っている」という意志の裏返しでもある。

またメディア業界では、新聞、雑誌、テレビ、ウェブなどでそれぞれの感覚があり、異なるメディアにはとくに攻撃的に自分たちの「正義」を語る。私も記者時代、新聞業界からテレビ業界への転職者が「魂を売った人」などと揶揄されていたのを覚えている。また雑誌に対しても同様に「いい加減な取材をしている」「新聞広告に雑誌の見出しがのるのは恥ずかしい」などと馬鹿にしている人はいた。反対に雑誌も新聞を「読者を向いていない」「政府の犬」などと批判する。そして当然レガシーメディアのウェブ軽視も同じ問題の中にある。「ウェブメディアなんか嘘しか書いていない」なんてこともよく言われていた。

このようにお互い批判している中でも、新聞→テレビ→雑誌→ウェブというヒエラルキーはあるように思う。上位メディアは基本、下位メディアを下に見る。

私もプレジデント時代や今のMINKABUでも、色々な経営者や政治家に取材した。その際、報道記者から「よくそんな気持ち悪いことできますね」と非難されたことがある。プレジデントは僕の中で「ビジネスのポルノ雑誌」と勝手に定義していた。ビジネスパーソンが読みたい記事を作るからだ。経営者・政治家がどうやって成功をつかんだのか、そのサクセスストーリーを記事にすることもある。記事を読んだ読者が「自分もこうなりたい！」と明日の活力にしてくれれば、それは編集者冥利《みょうり》に尽きる。

しかし新聞記者とは経営者・政治家などを基本的には追及する。第三者視点を大切にする。「この経営者は口ではこういうことというけど、モラル違反を繰り返して出世してきた」「政治家が自分をよく見せたいという意図が見えたインタビューなどやりたくない」などと内心思っている。その新聞記者からしてみれば、プレジデントの記事など権力にすり寄っているようで気持ち悪いのであろう。ただ、プレジデントの記事を読みたくて買っている読者もいるからこそ、プレジデントが存在しているのだが。

このように、自分たちの仕事に誇りを持っているがゆえに、自分たちのレギュレーションにそぐわない記事や取材をみると反射的に否定してしまう。それはもしかしたらメディア人の防御反応なのかもしれない。しかしそこには「なぜこういう記事を書くのか」「誰がこの記事を読んでいるのか」「どういう人がお金を払っているのか」という視点が欠落している。

だから私が通信社記者から『プレジデント』編集者になったときも色々と思うことがあった。プレジデントはどんなに短い原稿、小さいプロフィール写真でも外部のライターやカメラマンに依頼していた。しかし通信社出身の自分からしてみれば、取材しながら記事化することだってできるし、編集部で一眼レフを買って使いまわせばプロフィールカットくらい誰でも撮影できる。そもそもなぜこんなに記事を制作するのに時間がかかるのか、色々無駄に思えることが多かった。

反対に通信社に対しても「編集者の視点を持ち込めばいいのに」とは思っていた。編集者とは読者と記者の橋渡し役だと思っている。記者はこういう記事を書きたい、読者はこういう記事を読みたい、その両方の意見を聞きながらいい感じのものを作りあげる仕事だ。しかし通信社も新聞社も基本的に「記者が読者に読ませたい記事」を書く。先述の通り、新聞とは題字で売っている。中身どうこうはあまり売り上げに関係ないとされる。雑誌の感覚からすれば「そんなことしていれば当然売り上げは下がるよね」と言われても仕方ないトピックの選び方、見出しの作り方、レイアウトは改善の余地がある。

新聞はもっとこだわれるところがあるはずだ。

にもかかわらず、他の媒体を経験せずに「自分たちのメディア、そして自分たちには無限の可能性があるはずだ」と自己媒体愛を膨《ふく》らませすぎて「なんちゃってブランド力」を活かしたビジネス展開を始め、失敗したケースも見てきた。はたからみると「御社のブランド力ってそんなに可能性あるのかな」と感じてしまうものも多いのだが……。

これに関してはDXコンサルティングなどを手がける株式会社WACULの代表取締役、垣内勇威《かきうちゆうい》氏が自著『LTVの罠』（日経BP）の中でも「都合の悪いことを隠すために発言される『ブランド感』は、LTVに全く影響がない」と指摘している。無駄な「ブランド監査」がLTV改善を拒むボトルネックになっているという。

ただ最近、メディア人の転職は活発化しているように感じる。私が共同通信社を辞めるときは、初めて会った支社幹部だけでなく会ったことのない会社の上司からも電話越しに嫌味を言われたものである。それがたった数年前の話だが、それ以降も転職者は増え続けている。未来に絶望して業界を去る若者も増えているが……。

そんな中で、ヤメ記者ばかりが集まったオンラインメディア内で疑似記者クラブ的なヒエラルキーができあがるというケースもあるようだ。さきほど媒体種類別のヒエラルキーについて書いたが、新聞業界には朝日を頂点としたヒエラルキーがあった。単純にいうと給料の高い順だ。すなわち就職難易度順でもある。「元朝日の記者が弱小新聞出身者にマウントをとってくる」（出版社出身の元オンラインメディア編集者）といい、ちなみに新聞出身でもないその編集者は「輪の中にもいれてもらえない」と嘆《なげ》く。

## 紙を経験しないウェブメディア人はダメなのか

ここまで「紙媒体の経験がウェブメディアに活きる」という話を続けてきた。しかし、紙を経験しないといいウェブメディアは作れないのかというと、そんなことはない。

今MINKABUの副編集長の江口匠《えぐちたくみ》氏は紙の経験が一切ないままウェブ編集者にな

り、ヒット企画を出し続けている。

江口氏は大学卒業後、ベンチャー企業に勤務し、アクセンチュアのＩＴコンサルを経て独立し、ウェブライターとして活動した。出版社やメディアに一切コネがない中でクラウドワークス、ランサーズで文字単価０・５円というライター仕事を得て、メディアとの関係を築きあげてきた。

『みんかぶマガジン』で私が編集長になったのとほぼ同時に、江口氏は『みんかぶマガジン』のウェブ編集者となり、一緒に闘ってきた。もちろん江口氏にとってやったことがない仕事だったので最初は戸惑う場面も多かっただろうが、結局仕事のよしあしは「自分の強みをどこに持つか」につきる。

彼は元ＩＴコンサルとして積極的に『みんかぶマガジン』サイトの解析をしている。そこで得た解析情報を活かして彼は次の企画につなげている。彼が手がける「婚活」特集「中学受験」特集は彼が日々接しているデータから生まれたものだ。

ウェブメディアの編集長はSaaSにおけるプロジェクトマネージャーに近い部分があると感じている。新しいサービスを作っていくなかで、既存の概念にとらわれずに、数字に直結する作業を繰り返していくことが重要なのだ。紙の経験がないことももまた、強みになるかもしれない。

そもそも多くのウェブメディアしかり、小規模の雑誌しかり、メディアとは「総合格闘技」だ。編集だけをやっていればいいなんて話ではない。ましてや記事を書くだけの記者だと単なるコストだ。メンバー一人一人に稼ぐ力が求められる。

小規模の媒体などは当然編集部員も広告を獲得しにいく。私も編集長として営業に出ている。サブスクの成長に時間がかかるなら、伸びるまでどうやってお金を得るのか考える。媒体としてイベントを企画する必要もあるかもしれない。

一方で記事をバズらせるためには、読者に記事の存在を認知してもらうための各プラットフォームとのアライアンスも重要だ。先述したことを繰り返すが、読者に認知されていない自社メディアだけに記事を投稿するのはサハラ砂漠のど真ん中でお店を開店するようなものだ。

SNSの強化も重要だが、フォロワー数の伸ばし方やそのインパクトは媒体によっても大きく異なり、知見と経験がものを言う。今ではテキストメディアだろうと動画配信をするのがスタンダードになりつつある。

エンジニアの視点を持った編集者も強い。ミンカブ・ジ・インフォノイドの子会社である「ミンカブソリューションサービシーズ」取締役の後藤亘《ごとうわたる》氏は「プログラミング×編集」というテーマでキャリアを歩んできた。後藤氏は決算情報などを基にした自動生成記事のシステムを開発し、株式情報メディア「株探」の成長を担った。株探は昨今の生成AIブームの前から記事の自動化に取り組んでおり、決算期には1日1000本の記事が自動で配信されている。今後は生成AIに強い編集者にもニーズが出てくるだろう。

そういう時代におけるウェブ編集者にとって、紙の経験など単なる1つの強みでしかない。新聞・週刊誌のように「ネタをとってきたやつが一番偉い」という世界でもない。ネタをとれる奴も偉いけど、やたらとバズるサムネを作る奴も偉いのだ。

改めてウェブメディア編集に必要な資質とは何かをまとめると、「新聞や雑誌での経験があれば、瞬発力や企画力、リスク管理で役に立つ。ただしマネタイズや生成AI技術を持った人材もメディア業界で活躍しているので、オールドメディアの経験だけで必ずしも勝てるわけではない」というところだ。

# 第5章
# ウェブメディアの未来

## 転換期を迎えるウェブメディアの世界

最後の第5章では、ここまでの議論を踏まえて「ウェブメディアの未来はどうなるのか」を考えていきたい。

第1章では、「現在はサードパーティークッキー廃止の風潮があるため広告マネーはファーストパーティークッキーを持つ巨大プラットフォームに流れている」という分析を書いた。この傾向は、ウェブメディアのビジネスモデルを大きく変える可能性がある。改めて振り返ろう。

まず「サードパーティークッキー」とは、ネットユーザーが自社サイトの他にどんなサイトに行っているのか追跡して興味関心を調べ、ユーザーに最適な広告（ネットワーク広告）を提供するツールだ。ユーザーが関心を持つ広告を表示することで広告へのアクセスを増やし、広告費を稼ぐ助けになっていたので、ウェブメディア側からの都合では画期的なシステムだったが、トラッキングされているユーザーからしてみれば気味の悪いものであった。

たしかにスマホで何か検索する前に、自分が検索しようとしていたことが広告で現れる不気味な経験をしたことは自分もあるし、読者の中にも同じ体験をした人はいるだろう。ユーザーからの批判にグーグルもアップルも折れ、サードパーティークッキーは廃止・規制の流れになりつつあった。

そんなことから、これまでサードパーティークッキーデータを使ったネットワーク広告に頼っていたウェブメディアの状況は悪くなる可能性はある。メディアによってはネットワーク広告売上減少の穴埋めを、メディアに広告したい企業が直接広告する純広告に求めることになるだろうが、ニュース系のウェブメディアに純広告を出したい出稿主が目に見えて増えているわけでもない。これまでヤフーニュースなどからの流入でPVを稼ぎ、ユーザー数を増やして広告費を稼いできたウェブメディアは大きな転換期を迎えている。

それに対して今好調なのは、動画、SNS、検索だ。いずれもユーチューブやグーグル、Xなど自社サービス内のユーザー情報、つまりはファーストパーティークッキーのみで威力を発揮できる広告というわけだ。ウェブメディアはこれまで以上に動画やSNSの活用が求められることになるだろう。

また、もう一段階先の未来予測をすると、今後はファーストパーティークッキーデータを持つメディアが勝つのかもしれない。

たとえば、2024年2月、KDDIはローソンのTOB（株式公開買付）を発表した。TOBの成立でローソンは非公開化され、KDDIは三菱商事とともに共同経営パートナーとしてローソンを運営する。これは3社のさまざまな思惑が重なって実現したTOBだが、EC（ネットでの商品販売）を見据えれば顧客データを持つKDDIはローソンにとってデカい。多摩大学特別招聘《しょうへい》教授の真壁昭夫《まかべあきお》氏はダイヤモンドオンラインへの寄稿で「日本版アマゾン」誕生の可能性を示唆している（「「日本版アマゾン」が誕生?·KDDI×ローソン×三菱商事TOBの〝真の狙い〟を考える」）。

ドン・キホーテを展開するパン・パシフィック・インターナショナルホールディング

スもメディアとの協業を進め、小売企業のデータを活かした広告であるリテールメディアに本腰を入れる。

そんな中でウェブメディアがメディアとしての価値を見出すためには、これまで以上に規模が求められるのに加え、顧客・読者情報を保持することも大切になってくる。これまでのように、とにかく釣り記事でPVを稼いで、なんでもいいから広告をクリックさせればいい、広告をクリックさせるためにはネットワーク広告をベッタベタに貼り付ければいい、そういう戦法が通用しなくなってくるかもしれない。

今後は顧客情報まで持つメガテックやキャリア各社に需要が集まると予想されるが、その次にくるのはさまざまな媒体を傘下に持つメディアグループになるかもしれない。そういう意味では、出版社の一ツ橋グループ、音羽グループもやり方によっては高いポテンシャルを持つかもしれない。

将来の確実なことはわからないが、未来に備えているメディアは、その規模を大きくすることで優位性を高めようとしている。そのためにメディア同士の合併、協業なども ありうるだろう。そしてサイトを訪れたユーザーに買い物をさせたり、新しい有料サービスに加入してもらったりしてウェブメディアとしての生存を図る。その有料サービスの中にはサブスクも含まれるだろう。

一方でサブスク強化に集中するメディアも出ている。クッキーデータの活用なんかよりも、とにかく有料のサブスク会員を伸ばして、メディアとしての存在感を維持しようというのだ。これまでウェブを軽視してきた出版社や新聞社もさすがに本腰を入れだしている。やはり、メディア人のプライドとして、「メディアで食っていきたい」「自分たちのコンテンツを商品として売っていきたい」という思いはあるかもしれない。朝日新聞社などは不動産事業が好調で新聞事業の赤字をカバーしている。それはそれで1つのメディアのあり方のようにも思えるが、新聞としても黒字化させたいという強い意志を感じる。

「ウェブメディアの未来は有料化にあるのか、無料メディアを貫くべきか」という議論もあるが、私はウェブメディアを無料にするべきか、有料にするべきかという問いはあまり意味がないと思う。メディアによって無料と有料のどっちが適しているかは異なるからだ。数年前、メディア識者たちはこぞって、ニューヨークタイムズの例をあげてメディアの有料化を推奨してきたが、それも正解ではないように私は感じる。すごくズルい言い方に聞こえるが、結局正解などない。紙の時代にもフリーペーパーは存在していたし、無料ウェブメディアが厳しいから有料にすべきという単純な話でもない。サブスク以外にも色々な収益化の方法はあるだろう。

その上で考えるべきなのは、自分たちのメディアのアセット（資産）とは何かだ。たとえば、ＰＶやＵＵもアセットだ。そして多くのメディアはＰＶやＵＵの資産向上を目指している。しかしアセットはこれだけではない。読者情報もアセットである。その情報が詳細であればあるほどその価値は向上する。訪問頻度、位置情報、連絡先などは会員登録やアンケートなどで得られるかもしれない。

コンテンツも資産である。『みんかぶマガジン』はある意味コンテンツ資産をうまく活用できており、それがサブスク会費以外の収益として大きく貢献している。フロー型メディアであれば、アーカイブ性は資産になるし、そもそも取材ノウハウ、情報提供社との関係、そして記者クラブへの加入有無も資産だ。SEO（検索エンジン最適化、Search Engine Optimization の略）特化型メディア、ストック型のメディアの場合も、CV（達成したい目標）が取れる、金を生み出す記事1本1本が資産になる。

またメディアが持つアプリなどのテクノロジーも資産だ。先述したミンカブソリューションサービシーズで後藤亘取締役が開発に携わった株式情報記事の自動生成技術も同社のアセットである。

取引先も資産だ。たとえばウェブメディアからしてみればヤフーに配信できるかできないかでPVは大きく変わるし、ヤフーも多くの新聞社・雑誌社からコンテンツ提供を受けられるかどうかは運営に大きく関わる。

そしてブランドだ。ブランドも当然アセットである。

ウェブメディアの生存戦略を考える上で、自分たちのアセットは何かを冷静に分析することは生存確率をあげる上で重要だ。競合の持つ資産と比べてどこに強みがあるのか、逆にどこは弱いのか。強いところをさらに強化するなら何をするべきなのか。設備投資なのか、他社との協業なのか、買収なのか。

今や誰でも発信できる時代だ。ユーチューバーやSNSのインフルエンサーがマスメディア並み、もしくはそれ以上の発信力を持っていることがある。本書の「はじめに」に政治家を巡《めぐ》る話を書いた。

「昔は読売新聞さえ読んでいれば、自民党がやろうとしていることがわかった」

「最近はネット世論がかなり政策に影響している」

話題の中心がメディア組織から個人に移ってきている。それでも自社メディアの優位性を高めるにはどうするべきなのだろうか。なぜ、個人ではなくメディア組織から発信する必要があるのだろうか。それを読者に理解してもらうにはどうしたらいいのか。メディアにはある、メディアにしかない資産があるはずだ。

## サブスクと相性のいいプラットフォームは何か？

とはいえ、メディア単体で考えたときに、収益化を目指すのであればサブスクや会員化は避けては通れない。読者に直接お金を払ってもらうか、あるいは会員データを使ったビジネスなどもないと今後はきつくなってくる。

私もサブスクメディアの編集長をしてきた。そして実践しているのは、同じ記事でも配信するプラットフォームごとに見せ方を変えることだ。

たとえば、サムネイル画像について。サムネはSNSやユーチューブなどでは、できるだけ作り込んだものを用意するべきだと思っている。伝えたいことをテキストや画像などを通じてファーストビューでユーザーに理解してもらい、そこからクリックを誘うためだ。一方で配信先のプラットフォーム向けにはサムネを作り込むよりも、シンプルな画像の方がいい。単純に画像のサイズが小さいため、サムネを作り込んでもゴチャゴチャしていてわかりにくいのだ。それよりも人物の顔がはっきりわかるようなもの、何かストーリー性があるような写真、そうしたものが好まれる。

タイトルも変える。配信先プラットフォームにはプラットフォームで読まれるタイトルがある。そしてそのタイトルも流行り廃りがある。新聞記事のような事実を淡々と短く伝える見出しは不向きだ。まずタイトルの冒頭はインパクトある煽りや、力強い「」（発言）がほしい。そして、少なくともこれまでの経験ではタイトルが長い方がクリックされる傾向があるように私は感じる。タイトルが長すぎるとタイトルの内容が頭に入ってこないという指摘もあるし、そもそも編集観点から「美しくない」という批判もある。ただ、読者はタイトルそのものより、タイトルが含まれているキーワードやパンチラインを目で追っているのではないかという仮説が私の中にはある。

逆に自社メディアの有料記事は、課金するメリットをタイトルで提示する。「3年で5000万円を築いた投資家のマイルール」というふうに。ただし、こういった記事は配信先などでは読まれない傾向にある。

サブスクメディアと相性がいいプラットフォームは何かというと、テキストメディアではXだと思う。Xはなんだかんだテキストメディアに対して抵抗が少ない人が多い。文章そのものに馴染みがある人達が、興味関心ごとにクラスター（集合体）となって存在している。そのクラスターごとに響くコンテンツを作り、クラスターに届く仕組みを作れば課金につながりやすい。

しかし、ヤフーニュースに対しては『みんかぶマガジン』の無料記事などを配信しているが、やはり流入数が大きい。もともと無料記事に親しんでいる人たちではあるが、数が多いからこそ課金につながる人もいる。

また有料動画に関してはユーチューブ一択ではないだろうか。TikTokやインスタグラムのリールといったショート動画はメディア組織としてやる意義をあまり感じられないという声を聞く。認知度向上などにはいいのかもしれない。一方でユーチューブの通常動画からのCVは、さまざまな条件がハマると大きい。登録者数が1000人未満でユーチューブ内ではまだ広告をつけられず、収益化できないような状況でも、テキストと比べて大きなCV数を獲得することもある。これは、動画を見る人たちとテキストを読む人たちの数の違いかもしれない。

人数としては動画を好む人の方がテキストを好む人よりも多いだろう。そして、その2種類のタイプはあまり交わらないようにも思える。ニュース記事を読み上げるだけの動画がなぜ視聴されるのか、テレビで芸能人の発言を切り抜いたコタツ記事がなぜ読まれるのか。そこに答えがあるような気がしている。

いずれにせよ、既存メディアがサブスクメディア化するときにはメディアのスケールダウンも検討するべきだろう。持続可能性も考え、これまでの取材経費や人員構成などを見直し筋肉質にしていく必要はある。もっというと、マネタイズできるまでコストを抑える、という感覚が大事だ。事業としての成長をはかるなら売上を上げていくべきだが、まずは生存するという大義を全うするためには、生存できる規模まで縮小する勇気も必要だ。

## 『スマートニュース＋』の可能性

このようにメディア業界が変わっていく中で、これまで無料記事のキュレーションアプリを提供していたスマートニュース株式会社は有料ビジネスメディアなどの記事をまとめて購読できるサービス『SmartNews ＋』（以下『スマートニュース＋』）を２０２３年12月に開始した。現在31の有料メディアが参加しており、『みんかぶマガジン』もその１つだ。

システムとしては、『みんかぶプレミアム』や『ダイヤモンド・プレミアム』などが一部の有料記事を『スマートニュース＋』に配信し、読者は『スマートニュース＋』に月額１４８０円を支払うことで有料記事が読めるようになる。またコンビニなどで商品が安く買える、購読者限定の「プレミアムクーポン」も手に入る。まだまだスタートしたばかりのサービスだが、すでに累計会員登録者数が1万人を突破するなど勢いに乗っている。

ただ、そもそも読者を自社内に囲い込むためにサブスクをやるのに、有料記事を外部に配信しては意味がないのではないだろうか——そういった意味合いで参画を見合わせるサブスクメディアも存在しているようだ。またヤフーニュースや通常版のスマートニュースと比べて当然ユーザー数も少なく、他社への出稿のメリットであった自社メディアへの流入もあまり期待はできない。

だが、『スマートニュース＋』の媒体側最大のメリットは記事配信料である。具体的な数字は言えないが、この配信料の存在感は無視できない水準の金額である。

これはサブスクメディアにとってはどんな意味があるのか。

まずサブスクメディアは無料メディアと違って、収益化には時間がかかる。すぐには会員は集まらない。会員数はジワジワと増えていくので、ロングテールなビジネスだ。なので『スマートニュース＋』への配信は大きな収益ベースとなる。

また無料メディアがサブスクメディアに切り替わるとき、ＰＶダウンによる収益減少に見舞われる。これまで無料だったのが有料になると当然読まれ方は違う。そして広告収益が落ち込む。そうなったとき、その減少分を『スマートニュース＋』からの配信料である程度カバーできる。

しかし当然全てはトレードオフである。やはり有料記事を外部サイトに提供することに拒否感を覚えるメディアは多い。『みんかぶマガジン』もそうだが、有料コンテンツの一部のみを提供するといった方法をとっている参加メディアもある。

『スマートニュース＋』編成統括の河瀬《かわせ》大作《だいさく》氏は「広告収益モデルだけだとメディアビジネスにも限界が見えてくると感じた」とサービスをスタートした経緯を語る。


「スマートニュースは人間とAIの協業によってユーザーに優れたユーザー体験を提供しています。ネットの世界では今、エコーチェンバーの問題が指摘されています。ユーザーが特定の媒体だけを読むことで、偏った閉じたクラスターをつくってしまいます。その中でも特集コーナーであるスマートニュース＋チャンネルでは編成チームが『今読んで欲しい』と思う記事を、複数の媒体の中から厳選することで、ユーザーに新しい価値を提供したいと考えています」

新しい価値を生み出す記事とは、自分が本来興味関心のないニュースなどであろう。それこそ、これまで新聞が担っていた役目だ。しかし新聞も雑誌も売れなくなった今、スマホに表示される記事はユーザーが好みそうな、無意識のうちにクリックしてしまいそうな記事ばかりだ。

「たとえば、キャリア啓発に関する記事はネットではよく読まれます。スマートニュース＋も例外ではなく、実際にキャリア啓発の記事は会員登録につながっています。しかしキャリア啓発の記事を読む人にもジョー・バイデン米大統領とドナルド・トランプ前米大統領の討論会についても読んでほしい。その機能はどこかのメディアが果たしていかなくてはいけない。それがメディアとしての役割でもあると思っています。人が共通して知るべきものを提供できる人がいないと、大事なことが伝わらなくなってしまう。だからこそスマートニュース＋は新しい価値と出会える場でありたいと思っています。筑前煮のように、政治からエンタメ市場動向までいろんな記事が楽しめる、読者が思いがけない発見ができる場でありたいというか」

『スマートニュース＋』は有料記事を媒体から集めることに積極的に投資しているように見える。媒体側からしてみれば追加の収益が上がることに越したことはないのだが、しかしプラットフォームとして持続可能でなければ意味はない。

「現在メディアを取り巻く環境が著しく変化し経営が厳しくなっていく中で、スマートニュース＋が存在することによってお互いに発展できるようになると良いと思っています」

「事業の持続可能性は高いと見ています。まだ手探りではありますが、スマニュー＋と各媒体とで、お互いの未来にとって有益な関係をどう構築していくか、そのための挑戦を続けてきましたし、この1年で、その手応えは十分に感じています」

とはいえメディア側からしたら、有料記事をプラットフォームに提供するのはかなりハードルが高い。だが、河瀬氏は「自社サイトと『スマートニュース＋』で課金される記事の傾向は違うという報告もある」と話す。たしかに『みんかぶマガジン』も、『スマートニュース＋』で課金される記事は本サイトであまり人気がない。

ちなみに『スマートニュース＋』を俯瞰《ふかん》して、課金されやすいコンテンツは「ビジネスジャンル」だという。「傾向としてはビジネスパーソンが必要とする情報、ビジネス雑誌的な記事が訴求しやすいと感じています」

## ジャーナリズムはどう守る

さて本書では、メディアの生存戦略についてひたすら私が見てきたこと感じてきたことを書き殴ってきた。きっと分析の甘さや、単純に私の人生経験のなさを感じるような箇所も多々あったであろう。見苦しい文章、突っ込みたくなる文章、その辺はご容赦《ようしゃ》願いたい。

ではなぜ私がこんなことを書いてきたかといえば、ジャーナリズムを守っていかなくてはいけないと思うからだ。

大手メディアは地方支局といった取材拠点の数を減らしている。どれもこれもこれまでのやり方では稼げなくなっているからだ。サブスクにしてある程度会員を獲得できたとしても、これまで通り事業を継続できる規模まで本当に成長させることはできるのだろうか。

ではこれまでレガシーメディアを代替するような新興メディアが登場したかというと、そうでもない。雑誌規模には成長することは可能なのかもしれないが、新聞のような900万部、1000万部という世界がくるのだろうか。それと同規模のメディアが今後登場することはあるのだろうか。今の段階ではその可能性について私は懐疑的に見ている。

ただ技術革新でゲームチェンジする可能性も否定できない。またコロナ・パンデミックのような、生活様式が一新されるようなイベントが起これば事態は動くかもしれない。

私はPVを取りにくい記事の中に、いかにPVを取れる記事を紛れ込ませるか、これがウェブメディア編集者の腕の見せどころだと語った。本音を言えば、PVなんて気にせずひたすらイイ記事を出したい。しかし、そんな時代は当分はこないように思う。少なくとも技術革新などでこの状況が一変しない限りは。

ではわれわれはどうやってジャーナリズムを守っていくべきなのか。当然、持続可能な形で、だ。誰からも搾取せずに、十分な取材費を賄いながら、良質な報道をどうやったら実現できるのか。

1つのアイデアでしかないが、小規模のサブスクメディアの乱立によってそれは可能かもしれない。編集部を4、5人で回すような小規模メディアであれば、マネタイズは十分できると思う。外部のライターなどの力を借りて、各種プラットフォームとの協力やSNSの活用で最低限運営可能な売り上げを稼ぐのだ。小規模のメディアだと普段はトレンド記事やSEO記事など大衆の関心に寄せた記事を制作し続ける必要があるだろうが、その一方で年に1、2回、ジャーナリズムの観点から特ダネを狙う。

年に1回の特ダネでも、それができる小規模メディアが365個あれば、毎日特ダネが出ていることになる。

これは記者や編集者がジャーナリズムだけではなく、トレンド記事やSEO記事などを同時に作ることができるかどうかも問題になるが、できないということはないはずだ。

一方で既存の大メディアは、いかにファーストパーティークッキーデータを集めるかが鍵を握る。巨大プラットフォームに対抗するのは大変なことだとは思うが、ユーザーデータを集め最適な広告を見せていく、最適な商品を提示していく、最適なサービスを提案していく……。そして読者、ユーザーの人生をさまざまな方法でサポートしていく。サードパーティークッキーデータが使えなくなることから、自社サイト由来のファーストパーティークッキーデータを持つ者の優位性が高まる。

そうして組織として体力をつけることで、社会の持続にとって必要な報道をも実現していける。

われわれがいる時代は「AI時代」「VUCA（ブーカ＝変動性、不確実性、複雑性、曖昧性）の時代」などと呼ばれているが、ソニーAI代表の北野《きたの》宏明《ひろあき》氏は「今はカンブリア爆発の初期にあたる」と指摘する。これからの仕事も生活も生成ＡＩによって生まれる。だが「どれくらいの速度」で、「何ができるのか」は予測がつかず、次の時代の原型がいま生まれているのだという。

ソフトバンク会長の孫正義《そんまさよし》氏もテレビ番組で「今から3回のオリンピックで、人類の走る能力は10％くらい伸びるかもしれないけど、コンピューター、ＡＩの英知は10億倍になる」と予測していた。「人間が作った物が人間を超えることなんてない」という説を否定する。

そんなめちゃくちゃな時代にいる私たちも、当然何があってもいいように備えなくてはいけないし、先回りして対策をしていかないといけない。今ではまだ、メディア業界においては圧倒的に人間が有利だ。ＡＩが作ったコンテンツはたしかに面白い。だがそれは所詮「ＡＩが作ったから」という贔屓目《ひいきめ》である。大谷翔平《おおたにしょうへい》の超人的プレーの方がもっと面白い。しかし、すぐにその見解も変わるかもしれない。

そんな世の中だからこそ、今こそメディア人は挑戦するべきなのではないだろうか。

山下泰平《やましたたいへい》著の『「舞姫」の主人公をバンカラとアフリカ人がボコボコにする最高の小説の世界が明治に存在したので20万字くらいかけて紹介する本』（柏書房）という本がある。

この本は明治の娯楽物語をひたすら紹介している。

印刷技術発展により情報革命が起きた明治時代には二葉亭《ふたばてい》四迷《しめい》の『浮雲』、夏目《なつめ》漱石《そうせき》の『草枕《くさまくら》』といった明治文学が誕生した。その一方で、この長々しいタイトルのような森鷗《もりおう》外《がい》『舞姫』の同人誌的オマージュ作品など、とにかく新しいモノ好きの作家が書いた小説風の読み物「最初期娯楽小説」が多く発売された。また講談の内容を書きとった「講談速記本」（実は講談速記本オリジナルの物語も多く存在した）、明治時代に起きた事件を深掘りした「犯罪実録」といったジャンルも生まれた。

同書では当時、海外から輸入した海水浴がすごいスピードで日本に受け入れられた過程などを時代背景とともに解説しており、とにかく面白い。また、明治時代の出版人、メディア人の熱き想いも感じ取ることができる。きっと技術革新による大きなゲームチェンジに、明治時代のメディア人もさまざまな悩みを抱えていたに違いない。

よくよく考えてみればインターネットの技術革新によって登場したウェブメディアで

は、これまでも変なことはしてきた。

たとえば書籍抜粋記事（切り抜き記事ということもある）はご存じだろうか。ウェブメディアが発売中の書籍の一部分を抜き出して、それをウェブメディアの記事として配信しているコンテンツだ。これは、そもそもPRなのかなんなのかよくわからない。本来であれば著作権違反かもしれないが、本を出版している側も広告効果を狙って合意のもと書籍の一部を提供している。

書籍抜粋記事は2000年から見られるようになった。多くのウェブメディアでは、他社発売の書籍内に記載されている「独自取材で得た情報」などを、その真実性を深く吟味《ぎんみ》せずに、自社ブランドのウェブサイトにて配信している。これが正しいのか未だに悩むときはある。仮に元の書籍の情報に間違いがあり、その後ウェブメディアが拡散した場合の責任の所在はどこにあるのだろう。

そして相変わらず事件記事は令和時代になっても読まれている。とくに女性の犯罪はネットではよく読まれる。また芸能人のスキャンダルもSNSとの相性は抜群だ。しかし、容疑者の推定無罪、犯罪者の社会復帰や、そもそも民事の問題である不倫問題などに対して、ここまでしつこく報じる必要はあるのだろうかと感じるときもある。

いずれせよ、新たに登場したウェブメディア編集者やウェブメディア人たちは新しい技術と格闘しながら価値を生み出そうと四苦八苦している。

明治時代の「犯罪実録」は当時「知識人は読むのも恥」「一般にはほとんど問題にされていない」などと価値が低いものとされていた。また、明治の貸本屋では上記「講談速記本」が高い人気を誇っていたそうだが、貸本屋では「難しい本では商売にはならない」と講談速記本がだいぶ下に見られていた。メディアのありようは明治時代から何も変わらないのかもしれない。

著者の山下氏はこうも記す。

「明治日本の激動をたとえるなら、突然宇宙人がやってきたようなものだ。現代の日本の状況は、あまり芳しいわけではない。解決すべき社会問題が山ほどある。そこに宇宙人が、未知の技術を持ってやってくる。素晴らしい発展が望める反面、彼らがどの程度まで友好的なのかは不明、そんな状況下で不安にならないほうがおかしい」

そして、今ＡＩによる新たな技術革新を前に、また大波乱がメディア業界に起きようとしている。

おわりに

第4章で「自分の強みは速筆力」と書いてしまった以上は本当に速く書かなくてはと思い、猛スピードで書いてきた。そして、それを実現するために関係者には無理なスケジュールで取材をさせてもらった。すみませんでした。

書きながら思い出したのは大学時代のことである。私は応援指導部（応援団）に所属していた。今はだいぶ近代的に変わったようだが、私の現役時代は時代錯誤な組織で何か粗相《そそう》があればルーズリーフでびっしり5枚分といった反省文の提出を上級生から求められた。粗相とは、たとえば1年生が4年生に挨拶《あいさつ》しなかったとか、旗の前を走って横切ったとか、そんな感じだ。私の場合は部員を可愛がってくれる大学近くのカレー屋の店主に無礼なことを言って反省文の執筆を命じられた。

顚末《てんまつ》書、始末書のようなロジカルなフォーマットは反省文にはない。ただただ反省の気持ちを書き綴《つづ》るという、半分以上は下級生に対する嫌がらせだ。大切なのは無理矢理書き上げたという下級生の「気合、根性」だ。

それがルーズリーフ5枚程度ならいいのだが、上級生の機嫌によって10枚、20枚、100枚とインフレしていく。当たり前だがワードではなく、手書きだ。それも万年筆でインクの色は「ブルー・ブラック」とまで決まっていたもんだ。それを粗相があった夜に「明日10時に部室持ってこい」とか言われるのだから、当然徹夜作業になる。

文字数をかさ増しするために反省の意味を辞書でひいたり、書くことがないのでこれまでの人生を振り返って自分を否定したりする。当然心などこもっていない。ただただ早く終わらせたい、その一心だ。

中には当たり障《さわ》りのない一般論を反省文に書き綴り、それを次回以降の反省文に流用する者もいた。反省文は提出後、上級生から返される。だから、どうせ上級生も反省文を読んでいないのだからわからないだろう、と、使い回すわけだ。1枚目のみを2枚目以降の流用分とうまくつながるように書けばOKだ。しかし、あまりにもその者がなんなく反省文を書いてくるからか、はたまたその上級生が下級生時代に同じことをやっていたからなのか、1枚1枚にチェックマークを入れて筆者に返却するという制度変更があった。その者はガックリきたことであろう。

きっと応援指導部で無駄に反省文を書いてきたOBたちはブックライティングに向いていると思う。とにかく1を100に膨らませる能力はあるはずだ。

私も大学を卒業してメディア業界に入り十数年。いささか、メディア業界を語るのは早い気がする。そして書きながらあまりの自分のなさにも哀しくなった。自分は常に誰かに支えられてきた。この本もこれまで支えられてきた人に改めて話を聞きながら書いたわけで、自分一人では書けなかった。自分の小ささをまざまざと感じた。

本書はできるだけ、自分の見たこと、感じたことを書いてきた。それしか書けないからだ。それでも、私の見聞の追体験はきっと誰かの何かの役に立つのではないかと思い、爆速で書いてきた。きっと半年後には通用しなくなることも含まれているから。

本書を終えるにあたり、このニッチな企画を無理矢理通してくれた星海社の片倉直弥氏に感謝したい。私を鼓舞するために「編集者として共感しきりで涙なしに読めませんでした！」というメッセージをラインでくれたが、「涙する場所なんかあったかな」と何度も読み返した。片倉さん、あんた疲れすぎじゃないか。少しは休んでほしい。

そして共同通信社の宮本寛氏にも感謝を述べたい。私の新人記者時代の神戸支局キャップは誰よりも厳しい人だった。私は社会部が何かもよくわかっていないような非常識な新人記者だった。そんな私に「新人は夏でもスーツのジャケットを脱ぐな、ネクタイもつけてろ」「新人は休みでも県内から出るな」と体で記者を覚えさせた。

ある日、宮本氏が「3カ月以内に独自ダネを摑んで来い」と強面で私に迫ったことで、その後のメディア人としての人生は大きく変わった。私は無我夢中で取材先を回った。そしてなんとか、小さなネタを入手できた。しかしライバル社では知っていても取り扱わないような、ニュース性の高くない話だった。それでも宮本氏は喜んでくれた。「ようやった。あとは俺が責任を持って配信する」。そこから宮本氏の取材力や執筆力で「独自ダネ」に仕立て上げてくれた。あなたの背中を今も追っかけている。

# 最近《さいきん》のウェブ、広告《こうこく》で読《よ》みにくくないですか？

二〇二四年一〇月二二日　第一刷発行

著　者　鈴木《すずき》聖也《せいや》



発行者　太田《おおた》克史《かつし》

編集担当　片倉《かたくら》直弥《なおや》

発行所　株式会社星海社

〒一一二-〇〇一三
東京都文京区音羽一-一七-一四　音羽YKビル四階
電　話　〇三-六九〇二-一七三〇
FAX　〇三-六九〇二-一七三一
https://www.seikaisha.co.jp

発売元　株式会社講談社

〒一一二-八〇〇一
東京都文京区音羽二-一二-二一
（販売）〇三-五三九五-五八一七
（業務）〇三-五三九五-三六一五

印刷所　TOPPAN株式会社

製本所　株式会社国宝社

アートディレクター　吉岡《よしおか》秀典《ひでのり》（セプテンバーカウボーイ）

デザイナー　五十嵐《いがらし》ユミ

フォントディレクター　紺野《こんの》慎一《しんいち》

校　閲　鷗来堂《おうらいどう》



ISBN978-4-06-537377-4
Printed in Japan

312

SEIKAISHA SHINSHO

291

# 日本再発見

駐日ジョージア大使　ティムラズ・レジャバ

**超「日本通」大使が語る、日本人の知らない日本**

「日本にはこんなに多くの美点が眠っているのに、他ならぬ日本人がその価値を見過ごしている」――日本文化への深い洞察で人気を集めるティムラズ・レジャバ駐日ジョージア大使に、日本への思いの丈を語り尽くしていただいたのが本書です。外交官だからこそ垣間見える、私たちの知らない皇室の一面、国際的に見て特異な発展を遂げた日本の食文化、日ローカルな街に隠された驚くほど複雑な歴史など、日本人は当たり前だと思っている、しかし世界から見るとユニークでおもしろい「日本らしさ」は数多く眠っています。さあ、ジョージア生まれ日本育ちのレジャバ大使と、日本の魅力を再発見していきましょう。

296

# 思考実験入門

## 世界五分前仮説からギュゲスの指輪まで

前田圭介

**思考実験でやさしく深く哲学的思考を身につける**

思考実験——哲学の本質をより純粋に、深く理解するために特定の状況を想像する思考をこう呼びます。本書では、古代から現代までの哲学者たちが思想を伝えるために考案した思考実験を精選し、その意図や現代的意義を解説しました。また、想像上の思考実験に限らず、実際に起きた実験や出来事でも、哲学的思考を養う上で重要なものについては特にピックアップしました。加えて、現代思想を学ぶための重要キーワードについても、本書のためにオリジナルの思考実験を創作して解説しています。34の思考実験で、哲学・思想を楽しくマスターしましょう！

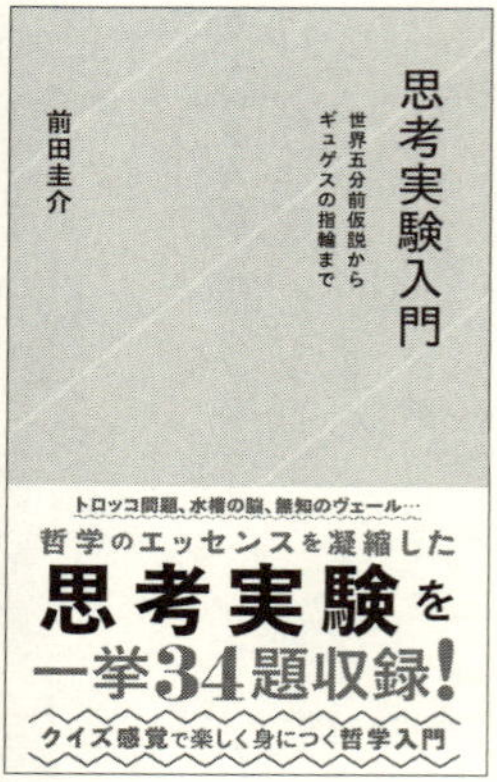

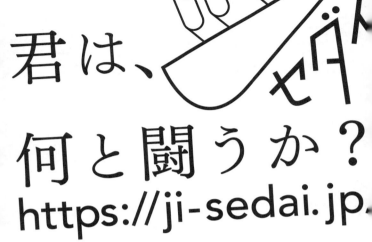

次世代による次世代のための

# 武器としての教養
# 星海社新書

星海社新書は、困難な時代にあっても前向きに自分の人生を切り開いていこうとする次世代の人間に向けて、ここに創刊いたします。本の力を思いきり信じて、**みなさんと一緒に新しい時代の新しい価値観を創っていきたい。若い力で、世界を変えていきたいのです。**

本には、その力があります。読者であるあなたが、そこから何かを読み取り、それを自らの血肉にすることができれば、一冊の本の存在によって、あなたの人生は一瞬にして変わってしまうでしょう。**思考が変われば行動が変わり、行動が変われば生き方が変わります。**著者をはじめ、本作りに関わる多くの人の想いがそのまま形となった、文化的遺伝子としての本には、大げさではなく、それだけの力が宿っていると思うのです。

沈下していく地盤の上で、他のみんなと一緒に身動きが取れないまま、大きな穴へと落ちていくのか？　それとも、重力に逆らって立ち上がり、前を向いて最前線で戦っていくことを選ぶのか？

星海社新書の目的は、**戦うことを選んだ次世代の仲間たちに「武器としての教養」をくばることです。**知的好奇心を満たすだけでなく、自らの力で未来を切り開いていくための〝武器〟としても使える知のかたちを、シリーズとしてまとめていきたいと思います。

2011年9月

星海社新書初代編集長　柿内芳文

SEIKAISHA SHINSHO